12 HISTORIAS DE PERSONAS REALES QUE DESCUBRIERON

EL PODER DE LA GRACIA DE CAMBIAR LA VIDA

TODOS NECESITAMOS PERDONAR A ALGUIEN

TERCERA EDICIÓN NUEVA Y EXPANDIDA

Allen R. Hunt

Traducción por Vilma G. Estenger, PhD

DynamicCatholic.com
Be Bold. Be Catholic.®

A Anita, perdonadora de talla mundial y la mejor amiga

INDICE DE MATERIAS

Prólogo: Imagina vii

Introducción: El Peso No Sólo Estaba Frenándome,
Estaba Rompiéndome la Espalda 1

PRIMERA PARTE: RECIBIENDO EL PERDÓN

Experimentando a Dios y perdonándote a ti mismo,
lo cual puede ser el perdón más difícil de todos

1 Abriendo el Camino al Hogar: Millie 9

2 El Más Exitoso Fracaso de Todos los Tiempos: Pedro . . . 17

3 Acogiendo el Regalo: Mitch 25

4 Libertad de un Pasado Doloroso: María 31

SEGUNDA PARTE: DECIDIENDO PERDONAR

Ninguna gran jornada jamás empezó con algo
menos que una decisión a comenzar.

5 Tiene que Haber una Manera Mejor: Bud 41

6 Soltando el Veneno: Madre 49

7 Arreglando el Futuro: Tomás. 55

TERCERA PARTE: COMPARTIENDO EL PERDÓN

La ley de la cosecha es sencilla: si quieres más de algo
en tu vida, compártelo generosamente con los demás.

8　El Primer Paso: Amy. 63

9　Un Proceso Más Que un Momento: Gary 71

10　Viendo Más Allá del Pasado para Creer
　　lo Mejor: "Juana". .79

11　Tocando el Corazón de Dios: Corrie 85

12　Creando Belleza de la Fealdad: Juan Pablo 93

Palabra Final: Por qué Lo Llamamos "Good
Friday" / Buen Viernes. 101

　　Sobre el Autor 106

　　Una Guia Para La Discusion 107

Imagina

Imagina que te encuentras con un soldado caminando por la calle en el siglo primero. Ves el brillo en sus ojos al encontrarse contigo. La alegría irradia de su rostro como si se hubiera ganado la lotería. Tú le preguntas por qué.

El comparte que hoy su trabajo empezó de una manera corriente. No tenía forma alguna de saber que su día se volvería especial, un día verdaderamente memorable, un día para ser celebrado. Cuando los eventos se desarrollaron, el soldado apenas pudo contener su alegría. Hoy se ganó un abrigo nuevo.

El soldado había estado buscando a alguien para contarle la historia, para volver a hablar de su extraordinaria buena fortuna y exhibir su abrigo nuevo. Primero, se detuvo en la oficina para marcar la tarjeta al final del día. Con orgullo se volvió y se acicaló para sus compañeros de trabajo y las señoras que operaban la oficina principal. "¡Chequéenlo! Hoy estoy a lo grande. ¡Fíjense en este abrigo! Me lo gané. ¿Pueden creerlo?" El soldado quería que todos vieran el trofeo de su victoria ese día. Las mujeres de la oficina se maravillaron ante la belleza de su abrigo nuevo.

Después de salir de la oficina para ir a su casa, el soldado simplemente tenía que detenerse en la taberna para enseñárselo a sus amigos. Tomó vino y lució su abrigo nuevo. Era algo especial, y el soldado quería alardear. "Chequeen este abrigo nuevo que obtuve hoy. ¿Pueden creerlo? Miren la tela. ¡Este es un abrigo!" Sus amigos sonrieron, se rieron, y le dieron una palmadita en la espalda. Qué gran día ciertamente.

El entusiasmo del soldado no cabía en él cuando entró en su casa. Sabía que su esposa no lo iba a creer . . . un abrigo nuevo, y tan finamente trabajado. Para los soldados, días como éste eran pocos y distantes. "Querida, chequéalo. ¿Qué te parece? Ni una costura en esta belleza. ¿Puedes creer que me lo gané en el trabajo?"

"Bueno, empezó como un día de trabajo regular", dijo él. "Los muchachos y yo estábamos en la loma como siempre. Estaba ocupándome de mi cruz; Bart and Laz, estaban ocupándose de la suya. Yo tenía a un hombre en la mía que la gente realmente odiaba por alguna razón. Le gritaban. Lo escupían. Lo insultaban, se burlaban, y hasta le pegaban con un palo. Un tipo se le acercó, llenó una esponja de vinagre y se la restregó alrededor de la boca. Te digo, no pueden soportarlo. Y el asunto es que este tipo en mi cruz tenía un abrigo realmente bueno. Esta belleza—te digo, ¡míralo! Así que los muchachos y yo decidimos echarlo a la suerte. Todos lo dicen. Nunca han visto un abrigo como éste antes".

Imagina que te encuentras a ese soldado en la calle, y él comparte su historia. Con seguridad, te alejas preguntándote muchas cosas.

¿Por qué te preguntas? Porque cuando lo piensas, es realmente extraordinario, ¿no es así? Jesús murió colgado en la cruz, y cuando echaron a la suerte sus ropas, El miró al soldado que te acabas de encontrar y dijo, "Padre, perdónalos porque no saben lo que hacen Jesús miró en los ojos a este soldado, que alegremente esperaba enseñar su abrigo nuevo. Después, lo perdonó.

Cuando sufre una muerte atroz, y está sujeto a la humillación de la multitud, Jesús realmente hace una pausa y ofrece el perdón. ¡Increíble! El mira fijo a los ojos del mal, de la oscuridad, de la muerte y en lugar de acobardarse o maldecir o quejarse del dolor, Jesús abre la puerta del perdón ahí mismo, delante de todos. ¡Ah!

De hecho, cuando lees los Evangelios, esto está claro: Jesús toma este asunto del perdón, y no lo deja ir. Dondequiera que va, Jesús enseña acerca del perdón o se lo ofrece a alguien. Zaqueo. Pedro. La mujer junto al pozo. La mujer sorprendida cometiendo adulterio. Cuando Jesús les enseña a rezar a Sus seguidores, les dice que pidan perdón y fortaleza para perdonar a los demás.

En todo lugar que abras los Evangelios, Jesús está sonando el clarín del perdón. La verdad es obvia: Jesús, muy sencillamente, se trata completamente del perdón. Tanto es así, que Su primer sermón es sólo una palabra, "¡Arrepiéntanse!" cuando se hace claro que necesitamos perdón. Y Sus últimas palabras se las pronuncia al Padre desde la cruz en nombre de los soldados que están debajo: "Padre, perdónalos porque no saben lo que hacen." En otras palabras, el perdón es el primer y el último mensaje en todo el ministerio de Jesús. Eso solamente nos enseña cuán importante es el perdón para nuestro Dios. Y cuán importante debe ser para nosotros.

El perdón desatará un poder en tu vida que es subestimado y con frecuencia ignorado. Francamente, ese poder cambia la vida. Es subestimado principalmente porque es subutilizado. No captamos el poder del perdón porque le tenemos miedo, porque nos hemos acostumbrado a nuestras heridas, o porque somos pecaminosamente tercos. Mas el poder está ahí, esperándonos. Es por eso que he escrito este librito. Porque todos necesitamos perdonar a alguien. Y Jesús nos enseña cómo hacerlo.

El Peso No Sólo Me Estaba Frenando, Estaba Rompiéndome La Espalda

Encerrado. Sólo tenía diez años. Estaba lejos en un campo de béisbol por primera vez en mi vida. Yo era el participante más joven en el campo en la Universidad de Clemson, y estaba solo por primera vez en mi corta vida. De modo que cuando me encontré encerrado en mi cuarto, no tenía idea de qué hacer. Mi compañero de cuarto había salido, no que él hubiera hecho mucho. Cuando se enteró de mi aprieto más tarde, no le interesó ayudar a proveer una solución.

Así que ahí me quedé parado en el pasillo, un niño de diez años envuelto en una toalla, tratando de regresar de las duchas. Solo, fuera del cuarto del dormitorio que contenía todas mis posesiones mundanas, incluyendo mi preciado guante de béisbol, antideslizantes, y gorra, todo lo cual necesitaba rápidamente para unirme a los otros muchachos en el campo.

Como un niño de diez años, a un estado lejos de Mamá y Papá por primera vez, estaba nervioso por la situación. Humillado y avergonzado, frenéticamente fui de puerta en puerta en el pasillo tratando de encontrar a alguien que pudiera ayudarme mientras me paré desesperanzado al otro lado de una puerta que podía llevarme hacia donde quería estar. Después de mucho buscar, localicé a un entrenador que al fin pudo darme ropa y equipo para usar ese día hasta que encontráramos una solución aún si no podía proveer una llave.

A la larga, la situación se resolvió, pero el personal aprendió con mi aprieto que niños pequeños tienden a perder llaves. Cuando volvimos al campo el siguiente verano, todas las llaves fueron dadas en cordones para que cada niño pudiera ponérselo alrededor del cuello. De esa manera, cada uno mantendría la llave y no se encontraría encerrado lejos de sus más valiosas posesiones o de su dormitorio. ¡Me encantó ese cordón! Fue liberador saber que llevaba la llave todo el tiempo.

Como pronto descubrirás, Millie cometió un error horrible y quiso llegar a su casa desesperadamente. Pero no tenía la llave. Pedro necesitaba desesperadamente un nuevo camino para salir adelante de su prisión de fracasos. Pero para tener acceso a ese camino, necesitaba una llave, algo que él no se dio cuenta que podía poseer.

Nos sentimos cada vez más cómodos en la celda de la prisión de nuestras heridas, de nuestros errores o fracasos. Mas la llave correcta abre la puerta cerrada. Cuando la llave le da vuelta al pestillo o cerrojo para abrir, abre la vía hacia un nuevo camino.

Quizás inspirado por el Salmo 90, me gusta llamar a Dios

"hogar". Ese es un antiguo nombre judío por Dios. Hogar. Después de todo, El es el lugar donde habitamos. El es nuestro hogar. Tú y yo fuimos hechos por El y para El. Hogar. Solamente te sentirás realmente en tu hogar cuando estés en El y con El. La mayoría de nosotros está buscando ir al hogar. Cuando somos honestos, en lo más profundo, sabemos que no estamos exactamente donde necesitamos estar. Nos sentimos un poquito fuera de lugar en este mundo. Sabemos que Dios tiene más reservado y en mente para nosotros, pero no sabemos llegar allá. Pensamos en ello. Oramos por ello. Puede ser que hasta trabajemos por ello, pero con frecuencia no hacemos ningún progreso hacia el hogar que Dios ha creado para nosotros.

Eso es porque no nos damos cuenta de que llevamos la llave Esa llave es el perdón. Y por medio de la fe en Jesucristo, llevamos esa llave con nosotros todo el tiempo. Con demasiada frecuencia nuestra vida espiritual está bloqueada y nuestra relación con Dios impedida, por el peso de nuestros fracasos, errores, y decepciones pasados, o por el dolor que hemos soportado a manos de otras personas o hasta causado a otras personas. Y de alguna manera no podemos desprendernos de ese peso y de ese dolor para seguir adelante. Estamos encerrados en una celda de la prisión de nuestro pasado y de las heridas que hemos acumulado.

El perdón es difícil. Quizás por eso es subestimado Tú y yo encontramos que el perdón es difícil porque somos tercos. Más bien que salir hacia la sanación, con frecuencia preferimos sentarnos y alimentar nuestras heridas porque son familiares y cómodas. Es más fácil no hacer nada. Tal vez luchamos con el perdón porque somos haraganes o porque tenemos miedo. Pero entiende esto: Una vez que desates su poder en tu vida, el perdón te transformará a ti y trasformará tus relaciones. Encontrarás un nivel nuevo y más alto de vida y de relaciones. *Perdón* es la palabra más poderosa que existe.

Lo sé porque vengo de una larga línea de rencorosos. En mi familia, tenemos la habilidad extraordinaria de recordar cada mal que nos han hecho, cuándo nos lo hicieron, y quiénes nos los hicieron. Guardamos una lista interior de todos los males, una tarjeta espiritual de puntuación para llevarla en nuestra mente todo el tiempo. Y ocasionalmente nos gusta sacar a relucir esa lista y masticarla un poquito más de tiempo, como si eso satisfará nuestra alma y nos hará sentir mejor.

Guardar rancor no es una de nuestras características más atractivas. Por años llevé conmigo a todas las personas que me habían herido o decepcionado. Como una carretilla llena de rencillas, resentimientos, e injusticias a ser corregidos. De hecho, conozco a un hombre que lleva un bolso lleno de cuadernos de notas que contienen todos los males que le han hecho. Tiene cada uno cuidadosamente detallado y organizado para poder recordarlos y compartirlos con cualquiera que pregunte. Lleva este bolso consigo a dondequiera que va, hasta cuando sale del trabajo y va a almorzar. Esos males y esas heridas están siempre con él. El rencor se hace pesado.

Al igual que el bolso de este hombre, mi carretilla de rencores fue conmigo dondequiera que iba, como si fuera alguna clase de encargado supernatural de llevar los récords, capaz de encontrar todos los males que me habían hecho y recordarlos si era necesario en cualquier momento. Pasé horas castigando a personas en mi mente, como si eso estuviera produciendo un buen fruto de alguna manera. Con el tiempo, a medida que esa lista se alargaba (por cierto, entre tanto nunca noté el daño que había causado a otras personas porque estaba demasiado preocupado por el daño que me habían hecho a mí), el peso se hizo demasiado grande, tan grande que ya no pude cargarlo. Necesitaba trabajar tiempo completo sólo para mantener al día todos los dolores que estaba sintiendo y recordando. El peso no sólo me estaba freanando, estaba rompiéndome la espalda.

Fue entonces que me vi forzado a encontrar la llave. Una llave que me dejara salir de la celda de la prisión de dolores y males pasados para poder vivir en el presente e ir hacia el futuro. Descubrí que la llave es el perdón.

Una vez que lo encuentras, el perdón te libera. Te libera de guardar récords y recordar males febrilmente. Te lanza a una manera nueva y más elevada de vida. Una vida de gracia.

Una vida de segundas oportunidades. Una vida de ver posibilidades para las personas y para ti mismo más bien que ser debilitado en el pantano de lodo de lo que ha sido. Una vida en la que el perfeccionismo es reemplazado por la alegría. Una vida en la que no tienes que cargar los males de otras personas o estar atrapado en tu propia prisión.

En los años transcurridos desde entonces, me he convertido en un estudiante del perdón, descubriendo y enfocándome en personas que me sobrepasan en esta llave que nos ayuda a abrir nuestro camino al hogar, la llave que abre el camino para convertirnos en la mejor versión de nosotros mismos.

Así, este librito del perdón comparte doce historias reales del perdón, de doce personas que me inspiraron y que espero te inspirarán a ti. A veces he cambiado su nombre o sus circunstancias para preservar su identidad. Estos doce ejemplos de la vida real revelan cómo Dios te perdona, cómo puedes aprender a perdonar a alguien más, y cómo puedes aprender a perdonarte a ti mismo. Mi meta no es solamente inspirarte a perdonar, sino enseñarte cómo experimentar su poder en tu vida. Mi oración es que estas historias hagan justamente eso por ti. Porque todos necesitamos perdonar a alguien.

Al final de cada capítulo, encontrarás dos preguntas para discutir que te ayudarán a crecer en el perdón y a experimentarlo. También encontrarás un paso sencillo recomendado que se dé después de leer cada capítulo para ayudarte a convertirte en la mejor versión de ti mismo. El perdón provee la llave para tu jornada hacia el hogar.

PARTE 1

RECIBIENDO EL PERDÓN

Experimentando a Dios y perdonándote a ti mismo, lo cual puede ser el perdón más difícil de todos.

Abriendo el Camino
al Hogar: Millie

"Pude verlo en su rostro. Pude verlo en sus ojos"

Millie había cometido un horrible error, y quería llegar a su hogar. No deseaba más, y no pudo aceptar menos.

Casada a los dieciocho años de edad, Millie se volvió más inquieta diez años después. Con tres niños que cuidar, y todo el peso de la adultez sobre sus hombros, pronto encontró entusiasmo en los brazos de otro hombre. Durante cuatro meses, se encontró con ese hombre clandestinamente, y su apasionado amorío se apoderó de toda su vida, tanto corporal como espiritual.

Después de cuatro meses de encontrarse con su amante en moteles y automóviles estacionados, Millie dejó a su esposo y a sus tres hijos. Se mudó con su amante. Pusieron su casa en el mismo pueblo, a sólo unas pocas millas de distancia de su esposo e hijos. El esposo de Millie estaba devastado, pero rehusó renunciar a ella, a sus votos y a su familia. Le escribió notas. Le dejó mensajes. En una ocasión, físicamente la cargó y la llevó a la iglesia para reunirse con su párroco. Mas Millie rechazó todos sus esfuerzos, hasta llegó tan lejos como decirle al pastor, "No lo necesito. No quiero esto. He terminado con todos ustedes".

Por casi un año, Millie se deleitó con su recién descubierta libertad. No niños. No responsabilidades. Sólo la pasión y la emoción de estar enamorada de alguien nuevo.

Un Miércoles por la mañana, Millie se despertó de más de una manera. Esa mañana se dio cuenta de la realidad. Su mente se enfocó, y pensó, "¿Qué he hecho?" Supo que estaba cometiendo el error más grande de su vida. Todas las decisiones del año anterior se desplomaron a su alrededor.

Había tomado a un hombre que la amaba incondicionalmente, y a los niños que habían criado juntos, y los había botado al lado del camino como a una colilla de cigarro. La ola aplastante de lo que había escogido la abatió. Y decidió, "me voy a mi hogar".

Millie no esperaba que su esposo la perdonara, pero sí que por lo menos la acogiera. Simplemente quería volver a su hogar. Eso era todo. Estar de nuevo en la órbita a la que pertenecía. No importaba si podría o no arreglar las cosas, porque al menos estaría en su hogar.

Millie se estacionó en la entrada para automóviles y fue a la puerta de la casa. Oyó a los niños jugando en el patio y se detuvo en la puerta por mucho tiempo. Era un Miércoles por la noche, justo antes que su esposo y sus hijos saldrían para ir a la iglesia. Después de lo que pareció una década. Millie tocó la puerta.

Su esposo la abrió y ella no pudo mirarlo. Estaba temblando y avergonzada.

Su esposo dio el primer paso. Puso las manos en el rostro de Millie, levantándole el mentón. Mirándola a la cara, le dijo, "Bienvenida a tu hogar".

Ella respondió, "quiero venir a casa".

Y él la atrajo hacia sí, y eso fue todo.

Rezaron. Millie lloró. El lloró. Esa noche fueron a la iglesia. Y su párroco, a quien Millie había despedido y rechazado verbalmente meses antes, abrió los brazos y dijo, "Bienvenida a casa, Millie. Estoy tan contento de que estés aquí".

Esas fueron solamente las primeras bienvenidas que Millie recibió. Brazos abiertos pronto llegaron de sus suegros, y de otros miembros de la iglesia.

Una semana después, Millie descubrió que estaba embarazada. La noticia significó una cosa obvia: Ella llevaba el hijo de su amante. Adulterio. Hijo ilegítimo. Esposo. Tres niños dependiendo de ella. No hace falta decir que Millie estaba devastada por la noticia. La gravedad de su error aplastó su mundo.

Una semana en casa, una semana tratando de corregir las cosas, y ahora esto. Un embarazo inesperado y totalmente no deseado, de un hijo que podría ser un recordatorio permanente del más grande error que Millie jamás había cometido y el dolor tan real y profundo que había infligido en su familia. Ella sabía lo que quería hacer: darle fin al embarazo.

Esa tarde, Millie le dio la noticia a su esposo.

Como había hecho en la puerta de su casa una semana

antes, él la miró a los ojos y dijo, "Esto va a estar bien". Millie compartió que no creía que podría seguir con el embarazo. El dolor del recordatorio vivo de su adulterio era algo demasiado grande que soportar. El le dijo que harían algo maravilloso del dolor y criarían al bebé juntos.

Afortunadamente, el amante no quiso tener nada que ver con el niño, y Millie y su esposo ahora tienen otra hija adorable. Sus suegros y amigos más cercanos, la mano de personas que conocían la historia completa, acogieron a la bebé igual que habían acogido a Millie cuando regresó.

Algunas de las personas del pueblo saben, y le preguntan al esposo de Millie, "¿Cómo pudiste aceptarla de nuevo?" "¿Cómo pudiste perdonarla?" Cada vez, él responde de la misma manera: "Saben, con todo eso que Cristo hizo para perdonarme, ¿cómo podría mirar a mi esposa, la mujer que El me dio para amar, y decir, 'Sabes, tú has hecho algo tan horrible que no puedo perdonarte'?"

El generoso perdón de su esposo trajo a Millie de nuevo al hogar, esta vez para quedarse. Su perdón trajo a una bebé de la muerte a la vida, a una madre a tiempo completo a sus hijos, a su compañera del alma de regreso a él, y un futuro a todos los envueltos. Por medio del perdón, el esposo de Millie creó un futuro que incluirá nietos que aún no han nacido y cimas que aún no se han alcanzado.

Para Millie, la parte más dura ha sido perdonarse. Eso ha tomado unos cuantos años

En sus palabras, cuando lo compartió conmigo en mi

programa de radio, "Es algo con lo que todavía lucho. A unos meses de estar en la relación con el otro hombre, sentí que no podía volver a mi casa. Sentí que había ido demasiado lejos, había hecho demasiado y no podía regresar. Era demasiado mala. No merecía a mi esposo y todo el tiempo él me había hecho saber que me estaba esperando. Me había dejado mensajes. Me había dejado notas, diciendo, 'No voy a renunciar a nosotros. Esto no es a donde tú perteneces y esto no es lo que tú eres'. Fue tan abrumador"

Para Millie, se convirtió en el retrato perfecto de quién Dios es.

¿Cuándo se sintió perdonada por su esposo? "El momento que me presenté en la puerta y dije, 'Quiero venir a casa'. Fue instantáneo. Lo supe. Pude verlo en sus ojos".

Millie asumió que tomaría mucho tiempo recuperar la confianza y reparar su relación. "Sentí como si fuera a emprender un largo camino, y no fue así realmente. Desde el principio, lo llamaba si creía que iba a demorarme en el trabajo, y le dejaba saber dónde estaba. Nunca me sentí dudada, y él nunca me lo sacó en cara. Nunca hubo nada de eso. Lo duro fue perdonarme a mí misma."

¿Cuándo se sintió perdonada por Dios? "Yo sabía. Lo supe cuando se lo pedí. Creo que por El. Lo supe cuando fui a mi casa. Vi esa gracia, Vi esa misericordia. Sólo viene de Dios. Como seres humanos, no reaccionamos tan naturalmente. Tampoco creo que yo podría hacer eso. Es horrible decirlo ahora, pero si la situación fuera al revés, no creo que podría hacer eso. No creo que tengo eso en mí. Fue tan devastador, y fue lo más horrible, lo más horrible.

Millie se encontró encerrada fuera de su propia vida, presa por la tragedia de sus decisiones. Sólo el perdón pudo proveer la llave para salir de esa oscura prisión del dolor. Todos necesitamos perdonar a alguien. Mientras que un esposo necesitaba perdonar a su esposa, Millie también necesitaba perdonarse a sí misma. El perdón de su esposo, inspirado por el perdón de Dios, abrió la puerta y un camino hacia una relación restaurada y a un futuro juntos, unidos como familia. Su perdón no le hizo olvidar el error de Millie, su perdón le permitió sobrepasarlo.

| | |

PREGUNTAS PARA DISCUTIR

1. ¿Haz hecho alguna vez algo tan doloroso que te parezca imposible perdonarte? ¿En qué parte de tu vida te sientes atrapado?
2. Estás avergonzado de un error que cometiste? Millie volvió al hogar. ¿Qué significa para ti "volver al hogar"? ¿Qué tomaría llegar allí?

PRIMERA AYUDA DE LA VIDA REAL

Crea un diario del perdón. Empieza a escribir los nombres de las personas que has herido y a las que necesitas pedirles perdón. En la página siguiente, puedes escribir el nombre de las personas que te han herido a las que necesitas perdonar. Esta no es una lista de rencores. Es una lista de perdón. Cada día pasa un momento escribiendo las áreas de tu vida en las que necesitas que brote el perdón. Mantener un diario también ayudará a enfocar tu alma cada día en la idea del perdón para que puedas progresar. Este diario también resulta útil a medida que avanzas en este libro y aprendes qué hacer con lo que mencionas en tu diario.

Empieza tu diario del perdón ahora llenando las líneas siguientes.

Personas a las que tengo que pedir perdón

_____   _____

_____   _____

_____   _____

Personas a las que tengo que perdonar

_____   _____

_____   _____

_____   _____

2

El Fracaso Más Exitoso de Todos los Tiempos: Pedro

Cuando Jesús te llama Satán, ese es un día malo.

¿Puedes imaginar cómo tiene que haberse sentido Pedro? Una vez el orgulloso líder de los discípulos de Jesús, tiene que haber sido reducido a un montón de escombros humanos. Después de todo, había negado hasta conocer a Jesús no una, sino tres veces después de haber alardeado orgullosamente en la Ultima Cena que estaba dispuesto a morir con El. Todavía más, vergonzosamente, las Sagradas Escrituras lo muestran ausente al pie de la cruz cuando Jesús murió. No había dónde encontrarlo. Siendo un cobarde, probablemente Pedro se había escondido porque temía por su propia vida. Más aún, se había quedado dormido tres veces mientras Jesús oraba en el Jardín de Getsemaní, a pesar de que las únicas instrucciones que Jesús le había dado fueron que se mantuviera despierto.

¿Cómo se siente saber que había fallado en tan gran escala? Era el líder, sin embargo negó al Señor. Era la persona a cargo, sin embargo no lleva a cabo las instrucciones de Jesús de mantenerse despierto. Era la cabeza escogida, sin embargo no está presente en el momento más crucial de la vida de Jesús, en la cruz.

Con seguridad, Pedro se sintió humillado, quizás aún más que cualquier otro ser humano en la historia. Tiene que haber sido difícil hasta salir en público o enfrentarse a sus hermanos discípulos después de tal fallo épico.

En cierto sentido, Pedro se encontró encerrado en la prisión de su fracaso y de su decepción. Abatido. Avergonzado. El peso de sus errores debe haberse sentido como llevar una roca en la espalda mientras trataba de escalar el Everest. Probablemente sintió que no había manera de atravesar la puerta cerrada detrás de la cual se encontraba.

Sin embargo, cuando el día de Pentecostés amaneció en Jerusalén, Allí se puso de pie Pedro para predicarle a las masas. El Espíritu Santo descendió como lenguas de fuego, Pedro proclamó, y tres mil personas llegaron a creer. Pedro, ayudado por el Espíritu Santo. Le dio nacimiento a la Iglesia ese día.

¿Cómo ocurre esa clase de transformación? De un montón de escombros humanos a audaz y triunfante líder y proclamador de la Verdad? ¿Cuál es el catalizador para eso?

La verdad es clara: Pedro (Simón), el trágico negador y cobarde, de alguna manera se transformó en el fracaso más exitoso de todos los tiempos. Se convirtió en Petrus, la roca de la Iglesia. Se convirtió en San Pedro. Surgió como el primer Papa. Acabó siendo una inspiración para la fe. De cero a héroe. ¿Cómo pasa eso?

¿Qué estaba pensando Jesús? Ninguna oficina de personal

de ninguna compañía en la Tierra contrataría a Pedro. De hecho, probablemente no pensarían en él dos veces. Su prueba de personalidad y su currículo muestran pocos méritos. No obstante, Jesús lo escogió y dijo "Tú eres Pedro, y sobre esta piedra edificaré mi Iglesia".

Claramente, Jesús vio algo en Pedro que nadie más vio. Porque las deficiencias de Pedro eran innumerables y legendarias.

Pedro era miope. Cuando Jesús llevó a Pedro, a Santiago y a Juan a la montaña y fue transfigurado ante ellos, Pedro soñó la gran idea de construir cabañas allí. Quería quedarse en esa montaña con sus amigos cercanos, y con Jesús, Elías, y Moisés. No tenía sentido de la misión y del propósito en general de Jesús más allá de esa montaña. Miope.

Pedro era presumido. Cuando Jesús y Sus discípulos estaban viajando, las familias le llevaban niñitos a Jesús esperando que Él los tocara o hablara con ellos. Pedro y los discípulos trataban de ahuyentarlos. Veían a los niños como una distracción. Querían a Jesús para ellos, para los adultos. Y Jesús los corrigió: "Dejen que los niños se acerquen a mí; porque a ellos pertenece el Reino de Dios". Presumido era Pedro.

Pedro era torpe. Cuando Jesús les dijo a Sus seguidores que se prepararan, que Él sería arrestado, condenado, crucificado y resucitado, Pedro dijo, "¡De ninguna manera! Eso nunca te pasará a Ti, Jesús". Pedro creía que entendía a Jesús y a Dios mejor que el Mismo Jesús. Y Jesús lo reprendió: "¡Retírate y ponte detrás de mí, Satanás! Quieres hacerme tropezar, tus ambiciones no son las de Dios, sino las de los hombres" (Mateo 16:23).

Ese tiene que haber sido uno de los peores días jamás. Cuando Jesús te llama Satanás, entonces, ese es un día malo. Pero le pasó a Pedro. Torpe.

Pedro tenía una mecha corta. Era impulsivo. Cuando los soldados llegaron con Judas para arrestar a Jesús, Pedro tomó una espada y le cortó una oreja a un soldado, ganándose otra vez la desaprobación de Jesús. Mecha encendida.

Así que ¿cómo es posible que este Pedro se convirtiera en la piedra de la Iglesia, San Pedro?

Por un momento decisivo. Un momento de extraordinario perdón. Un momento crucial en el cual el perdón abrió la puerta del pasado de Pedro y preparó el camino hacia el hogar, el futuro de Dios. El perdón le dio la vuelta a la cerradura y abrió un camino nuevo.

Este punto crucial en la vida de Pedro nos da una perspectiva dentro del corazón mismo de Dios. Un Dios que ve en nosotros más de lo que vemos nosotros mismos. Un Dios que está dispuesto a olvidar el pasado y que nos invita a un futuro divino audaz. Todo dando un solo poder, la palabra más poderosa que existe y la palabra decisiva de la fe cristiana: *perdón*.

Aquí está ese momento en la vida de Pedro. Cuando Jesús regresa a Sus discípulos en Su forma resucitada, Pedro y algunos de los discípulos han estado pescando, y están comiendo pescado frito a la orilla del lago. Al regresar, Jesús llama a Pedro a Su lado. Es difícil, quizás hasta imposible, imaginar cómo se sentía Pedro cuando iba hacia donde estaba Jesús. Un camino de vergüenza.

Con todos los recuerdos de sus fallos y su cobardía saltando todavía en su cráneo, Pedro se para delante de Jesús, su Señor.

Tú recuerdas la conversación—fue algo así:

"Pedro, ¿me amas?"

"Sí, Señor, Tú sabes que te amo".

"Apacienta mis corderos".

Una segunda vez.

"Pedro, ¿me amas?"

"Sí, Señor, Tú sabes que te amo".

"Cuida de mis ovejas".

Y de nuevo. Una tercera vez. Justo como Pedro se quedó dormido tres veces en el jardín, y negó a Jesús tres veces, ahora Jesús mira tres veces más allá del pasado y le ofrece un futuro a Pedro.

"Pedro, ¿me amas?"

"Sí, Señor, Tú sabes que te amo".

"Apacienta mis ovejas".

Tres fallos de sueño en el jardín. Tres negaciones de Pedro. No obstante, aquí Jesús ofrece tres perdones. No le echa en cara a Pedro sus fallos. No, Jesús lo mira a los ojos, y más bien que sacar a relucir los fallos, le hace tres ofertas de un futuro divino audaz. Esta es la manera llena de gracia de Jesús de decir, "Yo te escogí para empezar, y quise decir lo que dije. Conozco tu pasado, pero estoy ofreciéndote un futuro".

Pedro entró en esa promesa. Recibió ese perdón y siguió adelante con valor y fuerza, tanto así que cuando visitas Roma hoy día, si haces una reservación con mucha anticipación, puedes ser incluido en un recorrido debajo del Vaticano. El guía te llevará a una excavación arqueológica que se está haciendo debajo de la Basílica de San Pedro. Cuando desciendes debajo de la ciudad, te encontrarás en una calle del siglo I, caminando entre las ruinas de la antigua Roma. Tus pasos te llevarán a una tumba en un cementerio del siglo I. Y el guía señalará la tumba del mismo San Pedro, enterrado profundamente debajo del Vaticano.

Cuando miras la tumba. Mirarás hacia arriba, y cuando lo hagas, verás pequeñas hendiduras de la estructura que se levanta encima de ti desde el terreno del siglo I hasta arriba hasta el siglo XXI. Al mirar hacia arriba a través de la oscuridad hasta la luz varios pisos arriba, te darás cuenta de que estás parado directamente debajo del altar mayor de la Basílica de San Pedro, la nave nodriza de la Iglesia en la Tierra. El altar mayor de la Basílica de San Pedro, el centro litúrgico de la Iglesia universal, descansa directamente sobre la tumba del mismo San Pedro.

Y entonces las palabras resonarán en tus oídos: "Tú eres Pedro. Y sobre esta piedra, edificaré mi Iglesia". El hizo eso justamente.

Jesús quiso decir lo que dijo. Le mostró a Pedro el futuro, y lo llevó allí. Pedro se convirtió en la mejor versión de sí mismo, San Pedro.

¿Cómo lo hizo? ¿Cómo se movió Jesús más allá de los obvios fracasos y deficiencias de Pedro? De la misma manera, se moverá más allá de los tuyos. Todo el mundo necesita perdonar a alguien. Pedro necesitaba perdonarse a sí mismo, y Jesús le enseñó cómo hacerlo. El perdón. Jesús lo dio y Pedró lo acogió.

La tumba de San Pedro se encuentra directamente debajo del centro del culto de la única, santa, católica, y apostólica Iglesia porque Pedro experimentó el mismo centro de la fe misma, la primera y la última palabra de Jesús. Perdón.

El perdón desata la gran fuerza de la transformación en tu vida. El perdón fluye drectamente del corazón de Dios y dentro del tuyo. Esa fuerza te libera de las heridas y de la esclavitud del pasado, del daño que has sufrido así como del daño que has causado. Y te libera para seguir adelante más fuertemente hacia el futuro audaz y divino que Dios te tiene reservado.

A medida que crezcas, aprenderás a confiar en el mismísimo corazón de Dios. El mismo Dios que vino a nosotros en Jesús y ayudó a un vehemente pescador llamado Pedro a convertirse en el fracaso más exitoso de todos los tiempos. Si El pudo hacer eso con Pedro, imagina lo que puede hacer contigo.

| | |

PREGUNTAS PARA DISCUTIR

1. Cuando piensas en tus errores y en tus fracasos, ¿qué te viene a la mente? ¿Divorcio? ¿Un momento en que tu terquedad te costó una relación? ¿Bancarrota? ¿Traspiés en el trabajo? ¿Incapacidad para completar una meta importante? ¿No ser adecuado como padre (madre)? ¿Algo que deseas que no has dicho? ¿Alguna otra cosa?

2. Qué te inspira más de San Pedro? ¿Cómo es él igual
   a ti?

AYUDA DE LA VIDA REAL 2

*En los espacios siguientes, escribe tus cinco errores, fracasos,
o decepciones más grandes.* Un buen lugar para hacer esto es en
tu diario del perdón del capítulo anterior. Una vez que los has
escrito, haz un momento y lee cada uno en alta voz, diciendo esta
sencilla oración después de cada uno:

   Señor, ten piedad
   Cristo, ten piedad
   Señor, ten piedad.

_____

_____

_____

_____

_____

3

Acogiendo el
Regalo: Mitch

Sus ojos se abrieron. Su corazón se ablandó. Y supo
lo que necesitaba que pasara a continuación.

Mitch nunca lo vio venir. En lo absoluto. Nunca se le ocurrió. En los eventos Pasión y Propósito para Matrimonios del Católico Dinámico, nos enfocamos en ofrecer maneras útiles e inspiradoras para que las parejas vuelvan a energizar su relación. Yo disfruto estos eventos de medio día de duración porque están llenos tanto de risa como de momentos serios.

Como parte de esa experiencia, se invita a las parejas a hacer un sencillo ejercicio de llenar los espacios en blanco.

Es algo así: El hombre y la mujer se sientan, se toman de las manos, y se enfrentan. La mujer va primero, y yo la invito a decir, "Por favor, perdóname _____." Ella debe llenar el espacio en blanco con algo simple por lo cual ella quiere que su esposo la perdone. Yo le indico a él que responda con estas tres palabras solamente: "Yo te perdono". Ni más, ni menos.

Entonces los esposos cambian los papeles, y el esposo llena el mismo espacio en blanco y le pide a su esposa que lo perdone. Otra vez, ella responde justamente con esas tres palabras: "Yo te perdono".

Dos días después de dirigir uno de esos eventos, recibí una llamada telefónica de uno de los asistentes, Mitch. El llamó a nuestra oficina e insistió en hablar conmigo. Presumí que quería quejarse de algo. Por el contrario, él quería ansiosamente compartir lo que había pasado con su esposa durante ese simple intercambio de llenar el espacio en blanco. El había presumido que este intercambio podía ser útil para otras parejas, per con certeza no para él y su esposa.

"No pude creerlo", dijo él. "Pensé que sabía lo que iba a pasar. Mi esposa iba a decir algo genérico que ella quería que yo perdonara. Entonces, yo le daría el perdón básico como usted dijo, y después cambiaríamos. Mas en cambio, ella se sentó allí por un largo rato en silencio. Yo empecé a ponerme nervioso. Más silencio todavía. Finalmente ella dijo, 'Por favor, perdóname por estar amargada'".

En el teléfono, la voz de Mitch sonó muy seria. "Me desconcertó. No tenía idea de qué estaba hablando. No sabía qué decir o hacer, así que dije '¿Qué quieres decir? ¿Amargada? ¿Por qué?'

"Mi esposa continuó, 'Hace dos años, cuando tuvimos esa pelea. ¿Te acuerdas?'"

Mitch sacudió la cabeza tratando, sin recordar realmente lo que ella estaba describiendo.

"'Tú sabes. Esa noche tú te levantaste y saliste corriendo del cuarto. Bajaste y dormiste en el cuarto de huéspedes en el sótano'".

Una luz se encendió en la cabeza de Mitch. Se acordó de la discusión. Cuando él se levantó, le había gritado, "¡Eso es! He tenido bastante. Ya no resisto esta vida".

Ella dijo, "'Desde entonces, me he preguntado si ibas a dejarnos. He estado ansiosa. He estado asustada de que la próxima pelea sería la última. Y me he vuelto amargada. Por favor, perdóname'".

Lo que Mitch pensó que había sido sólo un momento de frustración, había sido algo completamente distinto para su esposa. Para ella, esa discusión fue una conversación que cambió la vida. El no había pensado en ella dos veces, mientras ella la había revivido continuamente por dos años.

Mitch nunca vio venir su honestidad. Pensaba que no había nada en lo absoluto entre ellos. En cambio, ella habló con la verdad y reveló la muralla de amargura que había crecido lentamente separándolos por más de dos años. Lo que Mitch había visto como algo pequeño, casi insignificante en realidad fue algo enorme a los ojos de su esposa y en su matrimonio.

En ese momento, Dios removió las escamas que habían impedido que Mitch viera claramente a su esposa y sus profundas heridas. Sus ojos se abrieron. Su corazón se ablandó. Y supo lo que se necesitaba que pasara a continuación.

Rápidamente perdonó su amargura. Y con prontitud se excusó por haberla creado con sus duras palabras y su conducta fría.

Perdón dado; perdón recibido. Mitch había llamado a nuestra oficina para dar las gracias porque nunca lo había visto venir, pero estaba contento de que pasara.

Todo el mundo necesita perdonar a alguien. Y a veces ni siquiera nos damos cuenta.

| | |

PREGUNTAS PARA DISCUTIR

1. ¿Podría haber un área o una relación en tu vida en la que no veas sufrimientos y barreras que han aumentado con los años? Mitch no tenía idea de que su esposa estaba amargada por palabras que él había gritado dos años antes. Examina tu vida por un posible punto ciego de relaciones para ver si pudiera haber un área donde se necesita perdón.

2. Cuando la esposa de Mitch compartió honestamente la necesidad de perdón en su matrimonio, Mitch acogió y recibió su honestidad como un regalo. ¿Puedes pensar en momentos de tu vida en que hayas oído palabras o noticias difíciles de alguien que amas? ¿Acogiste esas palabras como un regalo o las rechazaste?

AYUDA DE LA VIDA 3

Haz dos copias de esta oración compuesta por San Francisco de Asís. Coloca una en tu baño para meditar cuando estás arreglándote por la mañana. Coloca la otra en tu diario del perdón del capítulo 1. Usa esta oración todos los días para terminar tu tiempo de devoción con Dios.

Señor, házme un instrumento de tu paz;
Donde hay odio, déjame sembrar amor;
Donde hay injurias, perdón;
Donde hay duda, fe;
Donde hay desesperación, esperanza;
Donde hay tinieblas, luz;
Y donde hay tristeza, alegría.

Oh Divino Maestro,
Concédeme que no busque tanto
Ser consolado como consolar;
Ser comprendido como comprender;
Ser amado como amar;
Porque es dando que recibimos;
Es perdonando que somos perdonados;
Y es muriendo que nacemos a la vida eterna.

4

Libertad de un Pasado Doloroso: María

"El sacerdote me dijo, 'Realmente no
tienes idea de cuánto te ama Dios'"

Cuando le preguntas a María acerca de su niñez en Tejas, ella no sabe dónde empezar. Eso se debe a que la disfunción de su familia no puede expresarse con palabras.

Su padre, un alcohólico itinerante que trabajaba en el campo, trataba a su familia de una manera solamente, con ira, violencia, fuera de control. María, la menor de nueve hijos, observaba cómo cada uno de sus hermanos mayores se iba de la casa en la primera oportunidad.

Finalmente sólo quedaban María y su madre. Ellas pasaban la mayoría de sus días escondiéndose de la ira y la violencia que llenaban su hogar. María se escondía en un cobertizo para herramientas detrás de la casa, cuando su padre explotaba arriba, cuchillo en mano, amenazando matar a su esposa, a su hija, a quien hubiera botado su licor.

Finalmente, la madre de María no pudo soportar más y, un día, cuando su esposo estaba trabajando en el campo, tomó a María y sus pertenencias y se fue. Se dirigieron hacia el norte en un ómnibus, tratando de encontrar una vida estable lejos de cuchillos y de temperamentos exaltados. La madre de María encontró trabajo y alquiló un tráiler cerca de Chicago.

María conocía bien la pobreza. De hecho, la usaba todos los días. Sus dos únicos vestidos habían sido cosidos por su madre con telas encontradas en la basura que habían sido botadas por otras personas que vivían en la comunidad. Su único par de zapatos vino de una caja que había sido echada en el basurero por personas del pueblo que estaban deshaciéndose de artículos que sus hijos habían desgastado o que ya no querían.

Sus compañeras de colegio se reían de su ropa y le preguntaban si en el país de sus padres se vestían de esa manera. Se burlaban de ella por su manera de hablar, con una combinación de acento mejicano y tejano. Hasta sus maestros disfrutaban haciéndola pararse y hablar frente a la clase para que todos la oyeran y se rieran.

A María le encantaba la idea de la iglesia. Caminaba cerca sólo para oír la música que salía por las ventanas y ver a todas las personas bien vestidas, que lucían tan felices y sin preocupaciones. Mas cuando trató de ir a la iglesia, los padres conocían a su familia y su reputación, y las madres rápidamente instruyeron a sus hijas que no se acercaran a alguien que venía de un hogar tan horrible. Pronto, María aprendió que la esperaba el rechazo si volvía a entrar a la iglesia otra vez.

El mundo le hizo ver claro a María que nadie la quería. Ni su padre. Ni su escuela. Ni siquiera la Iglesia. Estaba sola.

Entrando en la adolescencia, María la emprendió sola. Sin guía ni ayuda, empezó a frecuentar lugares equivocados, a hacer cosas equivocadas, y con frecuencia a experimentar los dolores más profundos que esta vida tiene que ofrecer. Abuso de drogas. Clubes nocturnos. Hombres mayores. Desapareciendo por días. Finalmente se encontró en una vida llena de adulterio, abuso, violación, relaciones fracasadas, y cicatrices tan profundas que sólo ella y Dios las conocían. Era un dolor tan fuerte que no importaba cuán lejos corría, el pasado y sus fracasos simplemente la seguían. El caos de su niñez se había convertido en el caos de su presente.

Finalmente María conoció a un hombre, un marinero, que parecía mejor que los otros hombre que ella había conocido. Primero que todo, tenía un trabajo con una entrada, lo cual hizo que María se sintiera segura. Segundo, aunque lejos de ser perfecto, no abusó de ella ni le pegó. Así que se casó con él. Pero se casó con él principalmente porque el padre la odiaba.

El suegro de María era un hombre de iglesia, porfiado, con pretensiones de superioridad moral, como los que la habían esquivado años antes, cuando era una niña pequeña. A María la hacía sentirse bien casarse con alguien sabiendo que su padre y su religión odiaba eso.

María nunca confió profundamente en su esposo ni se sinceró con él. Simplemente, vivió la vida por su cuenta, haciéndola lo mejor posible. Crió a sus cuatro hijos y administró la vida familiar tan bien como fue capaz, considerando todo el caos que había experimentado en su propia vida y en su familia.

Mas lentamente, a medida que pasaron los años y los niños crecieron, como su esposo siempre iba a Misa, María empezó a ir con él. Ella no entendía realmente lo que estaba pasando, pero la atraían la reverencia, la tranquilidad, y lo sacrosanto que parecía envolverla cada vez que cruzaba la puerta.

Con el tiempo, María empezó a ofrecerse como voluntaria para hacer las tareas más sucias en la iglesia, cosas que hay que hacer en cualquier parroquia pero que nadie más estaba dispuesto a hacer. Limpiar los inodoros y la cocina. Arrancar las malezas. Hata reparar el tejado.

Cuando el sacerdote le pregunto por qué quería realizar esas tareas serviles. Ella dijo, "Supongo que estoy tratando de compensar a Dios. Tengo mucho por qué compensarlo. No puedo trabajar para llegar al Cielo, pero …" Y su voz se apagó.

Más tarde, el sacerdote, que se convirtió en su párroco, le preguntó si conocía la gracia y el perdón de Dios. Ella respondió, "Eso espero. Soy como la mujer junto al pozo. Simplemente es difícil para mí creer que Jesús pueda amarme, sabiendo todas las cosas de mi niñez y de mi pasado".

Finalmente, María encontró su camino al hogar, a la iglesia. Su primera Reconciliación casi la consumió cuando decía la larga lista de dolores de su vida. Pero se encontró con la Divina Misericordia de Dios. Fluyó como una cascada. Cayendo sobre ella y saturando cada fibra de su corazón. La encontró sobrecogedora. En sus propias palabras, "El sacerdote me dijo, 'realmente, tú no tienes idea de cuánto te ama Dios'. Tiene razón. Estoy empezando a descubrirlo, y ¡es maravilloso!"

Con la ayuda de su fe, la amistad de dos participantes en el grupo de apoyo, y la ayuda de un sabio y bien entrenado consejero, María aprendió a liberarse de mucho del dolor del pasado. Ella llegó a perdonar a su padre por las profundas heridas de su niñez.

Todo el mundo necesita perdonar a alguien.

El perdón produce sanación y un camino hacia adelante. La llave del perdón abre la puerta a un nuevo futuro. El perdón no olvida la violencia, las heridas, las injusticias. Se mueve más allá de ellas.

El corazón de Jesús ama primero.

El corazón de Jesús es misericordia.

El corazón de Jesús es perdonar.

Su promesa siempre es más grande que nuestro pasado.

Créela.

Abrázala.

| | |

PREGUNTAS PARA DISCUTIR

1. ¿Acarreas algunas heridas de tu niñez? ¿Puedes ver áreas de tu vida donde esos dolores del pasado siguen afectándote y afectando tus relaciones hoy día?

2. ¿Piensas que perdonar es lo mismo que olvidar? ¿Ayuda entender que perdonar significa seguir adelante más bien que olvidar?

AYUDA DE LA VIDA REAL 4

Tres Pasos Hacia la Sanación y el Perdón de Dolores del Pasado

1. Enfoca esos dolores del pasado con alguien más. Busca un amigo confidencial que se preocupa, un excelente sacerdote, o un consejero entrenado. Hay fortaleza en la presencia de una persona atenta que escucha. No estás solo. Estudios muestran que compartir tu dolor con alguien más ayuda tu cerebro a empezar a renovarse.

2. Considera aplicar el Via Crucis a tu propio dolor. Ten a alguien que te acompañe según rezas las Estaciones. Imagina el dolor de Jesucristo en cada Estación Imagínalo contigo en los momentos de tu pasado que te son dolorosos. Siéntelo cerca de tu dolor ahora. Es poderoso pasar tus sentimientos por el filtro de tu fe y de la cruz de Jesús. Deja que por medio del Via Crucis Jesús entre en tu dolor contigo y empiece la liberación de ese dolor, igual que lo hizo con Su propia cruz.

3. A veces, Dios quitará el dolor de maneras obvias. Otras veces, será más una decisión tuya, sabiendo que Dios está pidiéndote que perdones y comprendas que necesitas escoger el perdón por tu propio bienestar.

Así como compartir tu dolor con una persona que se preocupa te permite renovar tu cerebro, imagina cuánto más ponderosa puede ser la sanación cuando Jesús está experimentándolo contigo a través del Via Crucis.

Deja que la paciencia sea tu amiga. La sanación y el perdón toman tiempo, con frecuencia mucho tiempo. Tú has estado cargando con estos recuerdos y dolores por mucho tiempo, de modo que tiene sentido que la sanación también requiera tiempo. Sta. Teresa de Avila dijo, "La paciencia lo logra todo". Eso es cierto para tu sanación de la misma manera.

PARTE 2

DECIDIENDO PERDONAR

*Ninguna gran jornada empezó
jamás con algo menos que
la decisión de comenzar.*

5

Tiene que Haber una Manera Mejor: Bud

"Tengo que hacer algo distinto, porque lo
que estoy haciendo me está matando".

En la primavera de 1995, Julie Marie Welch era una muchacha brillante de veintitrés años con un futuro prometedor. Justo 5'1" y 103 libras, llevaba mucha energía en un pequeño envoltorio. Después de graduarse de la Universidad Marquette con una especialidad en idiomas extranjeros, Julie regresó a la Ciudad de Oklahoma, su pueblo, para trabajar en la Administración del Seguro Social. Ella traducía para los clientes que luchaban con el inglés. Cada mañana iba a Misa antes de ir a trabajar, y había descubierto nuevamente el poder de la fe en su vida. Julie había conocido a Eric, su novio, en una reunión de oración de jóvenes solteros.

El Miércoles 19 de Abril, 1995, por la mañana, Julie fue a Misa, y después se dirigió a su oficina en el primer piso del Edificio Federal Alfred P. Murrah. Temprano en el día, salió al área de espera para recibir a un cliente. Mientras estaba en el corredor de regreso a su oficina, Timothy McVeigh hizo estallar una bomba que la mató a ella y a 167 personas más. McVeigh declaró más tarde que su acto de violencia fue para vengarse del gobierno federal por lo que él vio como acciones opresivas en contra del culto de Branch Davidian en Waco, Tejas. El escogió ese día, el segundo aniversario del infierno que había consumido a David Koresh y sus seguidores en Waco, para explotar a Julie Welch y a las otras víctimas de su bombardeo del Edificio Murrah.

En el momento de la explosión, el padre de Julie, Bud Welch, encendió el televisor para ver una pila de escombros donde el Edificio de nueve pisos Murrah había estado. Al instante, él perdió la esperanza de que su hija hubiera sobrevivido. Irónicamente, nadie fue lastimado en el área de trabajo de Julie. Si ella hubiera regresado unos segundos antes, hubiera sobrevivido.

Yo conocí a Bud, el padre de Julie, primero por teléfono y después en persona. Sus ojos profundos comunicaban claramente cuánto había amado a su hija. Después de la explosión, durante días, iba al lugar para recordar, reflexionar, y preguntarse qué hacer ahora. Los primeros meses de duelo fueron la peor experiencia de su vida. Estaba obsesionado con vengarse de McVeigh; su mente imaginaba una ejecución rápida y violenta, Ni más ni menos podría satisfacer la ira y el dolor de Bud. O eso pensaba.

Bud empezó a medicarse alcohol cada noche desde el momento que regresaba a la casa del trabajo en su estación de la Texaco hasta que perdía el sentido por la noche. El dolor de la muerte de Julie lo consumía. Sus borracheras empeoraron cada semana que pasaba. Su hábito de fumar cigarillos subió a cuatro cajetillas diarias. Lenta pero seguramente, Bud Welch estaba detruyéndose. La pérdida era simplemente demasiado grande. Finalmente, en Enero de 1996, Bud se dirigió otra vez al lugar de la bomba del Murrah. De pie en la acera de enfrente miró los escombros con la cabeza todavía doliéndole de la noche anterior, pensó, "Tengo que hacer algo distinto, porque lo que estoy haciendo ahora me está matando. No está funcionando. Tiene que haber una manera mejor". La venganza había motivado el bombardeo y la masacre de McVeigh, y Bud podía ver a dónde había llevado eso—a un trágico lugar, una hija perdida para siempre, y el alma de un padre deshecho nadando en la angustia.

Lentamente, Bud empezó a ablandarse. Cambió de querer que McVeigh fuera ejecutado a querer simplemente que fuera juzgado y condenado—justicia, no venganza. Insistió que querer la pena de muerte era muy parecido a una venganza. Comenzó a dar los primeros pasos hacia la sanación hablando abiertamente en contra de la pena de muerte a los estudiantes en universidades. Compartir su historia también lo ayudó a enfrentar el dolor de la muerte de Julie. Hablando abiertamente, pudo dejar salir el dolor que había estado llevando por dentro y tratando de insensibilizarlo con sus adicciones. Para Junio de 1998, Bud estaba bien encaminado a vencer su dependencia en whiskey y cigarrillos y estaba explorando qué hacer a continuación.

Poco después, Bud recibió una invitación para encontrarse con Bill McVeigh, el padre de Tim. Una monja católica arregló la visita para un momento en que Bud estaba programado para hablar en el área de Búfalo, Nueva York. Al estacionarse frente a la casa de McVeigh, con gran ansiedad, salió del auto y caminó hacia la casa donde Tim, el terrorista, pasó mucho de su vida. Los fantasmas que lo perseguían eran casi demasiado. Se detuvo, se calmó, y siguió adelante. Lentamente, entró al patio para encontrarse con el hombre que había criado a un hijo que había crecido para cometer el peor acto de terror en suelo americano hasta esa fecha. Bill saludó a Bud en la puerta. Bud sólo lo había visto en televisión poco después del trágico bombardeo.

Bud y Bill caminaron alrededor del jardín de McVeigh y hablaron por treinta minutos. Después, entraron en la casa donde la hermana de Tim se unió a ellos a la mesa. Su conversación se desarrolló lenta y nerviosamente, pero Bud supo que la decisión que había tomado de conocerse en persona era correcta. No pudo evitar notar un retrato 8x10 de Tim colgado en la pared en la cocina. Sintiendo que Bill y Jennifer probablemente estaban conscientes de la frecuencia con que él miraba el retrato, de repente, Bud exclamó, "Que muchacho tan buen mozo".

Bill respondió, "Bud, ¿puedes llorar?"

Bud dijo, "Sí, ¿por qué?"

Bill compartió que él no había llorado en años. En ese momento, una gran lágrima rodó por su mejilla. Eran dos padres juntos lamentando una tragedia horrible en la que cada uno había perdido un hijo. Cuando Bud se levantó para irse, los tres—Bud, Bill, and Jennifer—se abrazaron. Bud y Bill se dieron la mano. Bud abrazó a Jennifer una vez más, y empezaron a sollozar juntos. Bud sollozó más de lo que jamás lo había hecho de adulto. En ese momento, pudo ver el amor de un padre en los ojos de Bill McVeigh. El perdón de Bud había abierto la puerta a la reconciliación y la sanación, un nuevo camino hacia adelante para él y para los McVeighs. Cuando Tim McVeigh fue ejecutado en el 2001, Bud, que ya conocía el dolor de tener que enterrar a un hijo, ahora compartió ese mismo dolor de la pérdida de un padre con Bill McVeigh.

Todo el mundo necesita perdonar a alguien. Bud necesitaba no sólo perdonar a Tim McVeigh, necesitaba establecer una verdadera relación con el padre. Bud hasta diría que necesitaba perdonar a Dios por permitir que pasara esta horrible tragedia.

En este caso, Bud no tenía otra opción. Aferrarse a su dolor y a su deseo de venganza estaba matándolo literalmente de adentro hacia afuera. Y su jornada de perdón tomó cinco años largos después de la trágica muerte de Julie. Hasta hoy, no puede explicar cómo funciona ese proceso, solamente que toma que el tiempo, la paciencia, y la oración le apliquen su bálsamo de ablandar corazones de una manera lenta pero segura a un alma que sufre.

Bud todavía ve el dolor grabado en el rostro de los familiares de las víctimas de la Ciudad de Oklahoma que no han podido perdonar. Están atrapados en su angustia, y la herida sigue enconada en lo más profundo de su ser. Por su propia experiencia, él sabe que sólo hay una llave que puede abrir la puerta a la sanación y a una nueva vida.

Perdonar no significa condonar lo que hizo Timothy McVeigh. Tampoco requiere que Bud olvide a Julie, su belleza, y el potencial que fue apagado ese día en el bombardeo. En cambio, el perdón le permite a Bud liberarse del dolor y del veneno y seguir adelante para honrar a Julie con una vida sana y significativa. Ahora, él ayuda a otras personas a que aprendan a perdonar, a descubrir una nueva vida.

Con frecuencia, no es algo fácil perdonar. Pero es algo que cambia la vida. Sin perdón, la ira lleva al resentimiento, el cual lleva a la amargura, que finalmente lleva a la muerte espiritual. Un destello de ira y arrepentimiento vuelve ocasionalmente cuando Bud ve a una joven que le recuerda a Julie, o cuando sueña que la ha visto viva otra vez, mas entonces sigue adelante, sabiendo que vivir en el pasado es morir. El ha tomado la decisión de ir más allá del dolor y hacia el futuro. Bud Welch ha escogido la mejor manera.

||||

PREGUNTAS PARA DISCUTIR

1. ¿Cuál es el daño más doloroso que has experimentado jamás a manos de otra persona?
2. Cuando piensas en la persona que te hizo daño, ¿qué te viene a la mente primero: venganza o liberación? ¿Por qué?

AYUDA DE LA VIDA REAL 5

Visualiza tus heridas y resentimientos más profundos. Estos resentimientos pueden incluir personas que te han hecho daño, que te han traicionado, y que han injuriado a personas que amas. Imagina cada herida como una roca, un momento en que te lastimaron con palabras crueles o acciones dañinas, y en tu mente, lentamente coloca esa roca en una bolsa. Repite esto tantas veces como sea necesario para reunir todas las heridas y todos los resentimientos que llevas dentro de ti. Algunas rocas pueden ser grandes, grandes heridas, mientras que otras pueden ser piedrecitas a las que parece que sigues asido.

En tu imaginación, coloca esa bolsa de rocas en el maletero de tu auto. Entra en el auto y conduce hasta un lago cercano. Mírate saliendo del auto. Ahora toma la bolsa, échatela al hombro y tírala en el lago. Observa cómo se hunde en el lago y desaparece de tu vista. Siente la liberación que viene de saber que esas heridas, esos rencores, y esos resentimientos que cargabas ahora están en camino hacia el fondo del lago.

Vuelve al auto y aléjate. El peso se ha ido. Las rocas ya no andan contigo. Ya no necesitas llevarlas en tu mente o en tu alma.

Las has dejado allí permanentemente. Se han ido.

6

Soltando el Veneno: Madre

El oficial van de Broek no oyó las palabras del himno.
Se había desmayado, completamente sobrecogido.

El oficial van de Broek ciertamente no merecía el perdón. Cualquiera podía ver eso. Se había comportado como un animal depravado. No obstante, ahí estaba, y una mujer tenía su destino en sus manos.

Dar gracia a quienes merecen venganza parece injusto—por lo menos a nosotros los humanos. Nos gustan nuestros rencores. Nos aferramos a ellos con la esperanza de llegar a ese día en que podamos darle al ofensor su justo castigo. Eso es humano. Pero Dios no es humano—todo menos. La gracia ofrece una foto asombrosa del corazón de Dios. Perdonando experimentas el amor radical de Dios, y en realidad puedes sentir Su corazón.

Una mujer sudafricana no mencionada, descrita por Philip Yancey en su *Rumors of Another World / Rumores de Otro Mundo*, capta este poder.

Nelson Mandela le enseñó al mundo el poder de la gracia. Después de surgir de veintisiete años en prisión y ser elegido como el nuevo presidente de Sudáfrica, su primer acto fue invitar a su carcelero a unirse a él en la plataforma de la inauguración presidencial. Entonces, Mandela nombró al Arzobispo para ser la cabeza de un panel oficial del gobierno con un nombre que intimidaba, la Truth and Reconciliation Commission (TRC) / Comisión de la Verdad y la Reconciliación (CVR en español), para tratar de unir a la nación fracturada racialmente. Mandela quería apaciguar el patrón humano natural que él había visto de primera mano en la prisión y en tantos países en los que una raza o tribu le había quitado el poder a otra.

Durante dos años y medio, los sudafricanos escucharon los reportes de las atrocidades de las audiencias de la CVR. Las reglas de la CVR eran sencillas: Si un policía o un oficial del ejército blanco se enfrentaba a sus acusadores voluntariamente, confesaba su crimen, y reconocía su culpa totalmente, no podía ser juzgado y castigado por ese crimen. Los sudafricanos partidarios de la línea dura se quejaron de la obvia injusticia de dejar libres a criminales. Sin embargo, Mandela insistió en que el país necesitaba sanación más que justicia. Escogió enfocarse en esa agenda radical de sanación, una puerta nueva que podría ser abierta solamente con la llave del perdón. Todo el mundo necesita perdonar a alguien, y esa verdad nunca fue más aparente que en Sudáfrica.

En una audiencia, un policía llamado van de Broek compartió cómo él y otros oficiales habían entrado a un pueblo y matado a un muchacho de dieciocho años. Después de asesinarlo, quemaron el cuerpo, dándole vuelta en el fuego como una pieza de carne para destruir la evidencia. Ocho años después, van de Broek volvió a la misma casa, y esta vez detuvieron al padre del muchacho. La esposa fue forzada a mirar cómo los policías lo ataban a una pila de madera, echaban gasolina sobre su cuerpo y lo incendiaban.

La corte hizo silencio mientras la anciana que había perdido primero a su hijo y después a su esposo, escuchaba la confesión del oficial van de Broek. Después se le dio la oportunidad de responder.

"¿Qué quiere del Sr. van de Broek?" preguntó el juez. La mujer se puso de pie. Dijo que primero quería que van de Broek fuera al lugar donde habían quemado el cuerpo de su esposo y juntara las cenizas para que ella pudiera darle una sepultura decente. Después de todo esas cenizas eran todo lo que le quedaba de su familia. Con la cabeza baja, el policía asintió.

Entonces, ella añadió una segunda petición. "El Sr. van de Broek me quitó toda mi familia, y yo todavía tengo mucho amor que dar", dijo ella. 'Quiero que dos veces al mes venga al gueto y pase un día conmigo para que yo pueda ser una madre para él. Y quiero que el Sr. van de Broek sepa que Dios lo ha perdonado y que yo también lo perdono. Quiero abrazarlo para que sepa que mi perdón es verdadero".

Espontáneamente, algunos de los observadores reunidos en la corte empezaron a cantar "Amazing Grace" / "Gracia Asombrosa" cuando la anciana se dirigía al estrado de los testigos. El oficial van de Broek no oyó las palabras del himno. Completamente sobrecogido, se había desmayado.

Ese día, van de Broek había entrado a la corte encerrado en la pequeña celda de la prisión de sus dolorosas atrocidades. En lugar de revelar una sed de venganza, la viuda había extendido la llave que abriría una nueva vida: el perdón.

Todo el mundo necesita perdonar a alguien. En este caso, toda una nación necesitaba perdonar un pasado de violencia racial. Y una mujer necesitaba perdonar a un hombre que le había quitado las partes más hermosas de su vida. Muy simplemente, ella escogió vencer el acto maligno de van de Broek con su propio acto de amor.

Más bien que aferrarse al veneno de esos asesinos, la mujer escogió soltarlo. Más bien que refractar el veneno del odio en el rostro de van de Broek, ella reflejó amor en su corazón.

Por ella, todos en esa sala, incluyendo al hombre que había destruído a su familia, fueron cambiados por la gracia.

| | |

PREGUNTAS PARA DISCUTIR

1. ¿Alguna vez has conocido a alguien que fue asesinado? ¿Has sido un amigo cercano de una familia que haya sufrido el asesinato de un ser querido? ¿Cómo manejaron esa

muerte violenta? La manejaron bien o están luchando para manejarla con ira?

2. ¿Cuál es la lección más importante para tu vida de esta historia de Sudáfrica?

AYUDA DE LA VIDA REAL 6

Siete pasos que puedes dar hacia un estilo de vida de perdón.

1. Primero, recuerda tu propia necesidad de perdón. Admite que, con frecuencia, no eres la mejor versión de ti mismo. Reconoce que Dios todavía te ama desmedidamente. El te perdona. Eres perdonado; por lo tanto, tú también puedes perdonar.

2. Define con claridad solamente una cosa que alguien te ha hecho que sabes que tienes que perdonar. No trates de perdonar a todas las personas y todas las heridas a la vez. Escoge una para empezar.

3. Reza y pídele a Dios que te sature con Su Espíritu de gracia. No puedes perdonar por tu cuenta; la tarea es demasiado grande. Pero con la ayuda de Dios, la tarea se vuelve pequeña. El es un perdonador y hará de ti uno también.

4. Si es posible, envuelve al "ofensor" en una comunicación directa, abierta y honesta. Comparte cómo has sido lastimado, pero no de una manera acusadora. Enfócate más en ti mismo y en cómo te sientes que en la otra persona. La otra persona necesita más bien oír tu dolor que sentir un dedo

acusador. La meta es la sanación, no perpetuar el dolor. Sé compasivo aún en la confrontación. Di estas sencillas palabras: "Te perdono". Con frecuencia, llenamos la conversación con demasiadas palabras y explicaciones. Estas palabras son impactantes. Déjalas actuar por sí mismas.

5. Sigue tus sencillas palabras de perdón con algún acto de reconciliación—quizás un abrazó o un apretón de manos o una comida. (Recuerda que hay circunstancias en las que no es posible o saludable encararse con alguien que te ha herido).

6. Para prevenir que las mismas ofensas ocurran otra vez, mantén abiertas tus líneas de comunicación, con límites y pautas claros para su relación. Ahora que han sido abiertos y honestos, su relación también será más abierta y honesta. Ambos están más conscientes el uno del otro y de cómo la relación puede quebrarse fácilmente. También es importante saber que perdonar a alguien no significa necesariamente invitar a esa persona en tu vida de nuevo.

7. Finalmente, aprende a perdonar las cosas pequeñas—con tus amigos, con tus familiares, con tu esposa (o esposo), o con compañeros de trabajo. Sé una persona de gracia. Reconoce que todavía estás propenso a cometer errores en lo que te conviertes en la mejor versión de ti mismo, igual que lo están los demás. No persistas en las pequeñas heridas que todos experimentamos diariamente y, francamente, que todos podemos causar a los demás. Da la gracia que quieres recibir. Mientras más gracia des, más recibirás.

7

Arreglar el Futuro: Tomás

"Me habría matado. Me habría
hecho más daño que bien".

Puede ser que nunca hayas oído de Tomás Doswell. Eso es porque pasó diecinueve de los mejores años de su vida en prisión por violación. Tomás, un negro, fue encontrado culpable de la violación de una mujer blanca de cuarenta y ocho años de edad en un hospital en Pittsburgh en 1986, y fue condenado a pasar de trece a veinte años en prisión. Cuando entró en la prisión, Tomás, el padre de dos niños, tenía veinticinco años de edad.

Durante casi dos décadas en prisión se le negó la libertad condicional cuatro veces porque él insistía que era inocente. Rehusó firmemente aceptar la responsabilidad por la violación. No obstante, los fiscales se opusieron a toda prueba de material ADN de la víctima.

El Innocence Project of the Benjamin N. Cardozo School of Law at Yeshiva University / Proyecto de Inocencia de la Facultad de Leyes Benjamín N. Cardozo de la Universidad Yeshiva ayudó a Tomás y a su abogado a exigir que se hiciera la prueba. En el 2005, después de años de solicitudes y peticiones, finalmente, un juez ordenó que la evidencia de violación fuera analizada por ADN. Para la sorpresa de casi todo el mundo menos Tomás, los resultados probaron que él había estado diciendo la verdad todo el tiempo. El semen tomado de la víctima no era de él. La evidencia de ADN corroboró las firmes negaciones de culpabilidad de Tomás. Una semana después, los fiscales acordaron unir su moción de anular su condena y su sentencia y finalmente fue puesto en libertad—después de diecinueve largos años de servir una condena por un crimen que no había cometido.

Es casi imposible concebir lo que esa condena le hizo a Tomás Doswel, y cómo sintió esos años pasados en prisión injustamente. Diecinueve años robados de su vida. Diecinueve años de no poder ser un padre para sus hijos. Diecinueve años llevando la etiqueta de "violador" y el estigma que conlleva. Un buen nombre arruinado. ¿Cómo se recupera uno de eso?

La víctima y otros testigos habían identificado a Tomás entre un grupo de fotografías que la policía les enseñó. En ese tiempo, la policía de Pittsburgh marcaba fotos policiales de personas acusadas de violación con la letra *R* debajo del retrato (en inglés, la palabra por violación es rape). Desde entonces, las fotos policiales no son marcadas de esta manera. Mas esto no cambia el hecho que Tomás Doswell pasó todos esos años en prisión debido a los métodos injustos usados para atribuirle el crimen.

En su situación, la mayoría de las personas se hubiera vuelto iracunda y resentida. En cambio, mientras estuvo preso, Tomás miró hacia adelante. Usó el tiempo para convertirse en la mejor versión de sí mismo. Obtuvo un título, aprendió a hablar español y a tocar siete instrumentos, entre ellos la guitarra, el saxofón, la flauta, la batería, y la trompeta.

¿Cómo lo hizo? Fe. "Tener fe en Jesús me enseñó que no podía pasar veinte años lleno de ira", dice Tomás. "Me habría matado. Me habría hecho más daño que bien".

Así, en ese día profético que él sabía llegaría a pesar de todas las fuerzas opuestas, Tomás Doswell salió de la prisión. Ese día, su madre, Olivia, encabezó una multitud de llorosos y sonrientes familiares y amigos cantando "Dios es Bueno". Tomás había inspirado a su familia a volverse mejor en lugar de amargados, por medio de la fe en un Dios de redención.

Tomás perdonó al oficial de la policía, quién él creía que se había concentrado en él porque había sido absuelto de asalto sexual un año antes. Perdonó a la víctima de la violación, que lo había identificado a pesar de las claras diferencias entre él y el atacante. Hasta perdonó a los fiscales que pelearon en contra de sus apelaciones y trataron de detener las pruebas de ADN.

Por medio de la fe, Tomás se dio cuenta de que no tenía más opción que perdonar. La odecisión estaba bastante clara: Podía escoger la muerte, aferrándose a la ira, y a las injusticias que se habían cometido en su contra, o podía escoger la vida. De cualquier manera, la vida continuaría, pero *cómo* dependía de él. Podia mirar hacia adelante o hacia atrás. Hacia atrás llevaba a la amargura; hacia adelante llevaba al futuro. Tomás decidió arreglar el futuro, porque no podía arreglar el pasado.

Mientras Tomás estaba en la prisión, sus dos hijos crecieron. El se perdió las conferencias de padres y maestros, sus juegos de pelota, y se perdió de enseñarles a cambiar una goma y a jugar a la pelota. Tomás no pudo asistir al funeral de su padre, en cambio lloró en el teléfono en la prisión mientras cantaba "Amazing Grace" / Asombrosa Gracia.

No obstante, de alguna manera, Tomás Doswell emergió íntegro de una tragedia espantosa que hubiera fragmentado a la mayoría de los mortales. El dice, "A pesar de estar alejado de mi familia y de la libertad que uno siempre tiene el derecho de merecer, Dios me ha bendecido y he podido atravesarlo todo a una luz positiva".

El puede continuar con el resto de su vida porque conoce el poder del perdón. Se enfrentó a una decisión. Y decidió perdonar. Todos necesitan perdonar a alguien. Tomás Doswell necesitaba perdonar a muchas personas. Y cuando lo hizo, la vida se abrió ante él en lugar de desmoronarse a su alrededor en la celda de la prisión donde estuvo sentado.

| | |

PREGUNTAS PARA DISCUTIR

1. Alguna vez has sido acusado de algo falsamente? Quizás una amiga sugirió que habías estado chismeando sobre

ella. O un socio de negocios implicó que no habías sido justo. ¿Cómo se sintió eso?

2. Si pudieras arreglar el futuro, ¿qué harías? Si le pides a Dios que te ayude con eso, ¿con qué le pedirías que te ayudara específicamente?

AYUDA DE LA VIDA REAL 7

Lleva un crucifijo en tu bolsillo o en tu cartera. Sujetarlo en la mano a veces durante el día puede ser un recordatorio sanador, físico del perdón que fluye de las alturas. Pasa los dedos suavemente sobre el Cuerpo de Cristo crucificado. Recuerda Sus palabras cuando estaba muriendo: "Padre, perdónalos porque no saben lo que hacen". Experimenta la gracia de saber que Su perdón está muy por encima del tuyo, y Su fuerza está a tu disposición. En la cruz, El libera el pasado y te ayuda a arreglar el futuro.

PARTE 3

COMPARTIENDO EL PERDÓN

*La ley de la cosecha es simple:
Si quieres más de algo en tu vida,
compártelo generosamente con el prójimo.*

8

El Primer Paso: Amy

Ella había dado el primer paso.

Poco después de convertirme en el pastor de una iglesia nueva, experimenté una confrontación en la iglesia de proporciones tan grandes que explotó en el peor conflicto de mi vida y mi ministerio. Un desacuerdo hizo que los líderes de la iglesia se opusieran a la junta directiva de la escuela elemental afiliada a la iglesia. El conflicto se volvió serio. Entonces se hizo público. Debido a que un número de personalidades prominentes estaban envueltas, toda la ciudad y la prensa cubrieron la historia.

Los dos bandos se dividieron con respecto a la futura dirección de la escuela. Y nadie se quedó fuera. En una iglesia con más de cinco mil miembros, y una escuela con más de mil niños, la disputa se desbordó en la comunidad. Miembros de la junta, padres, miembros de la iglesia, amigos, colegas—todo el mundo tomó partido. El tumulto era amargo, feo, y hostil.

Como el nuevo pastor en el personal, entré en los comienzos

de esta pelea con distintos ojos porque conocía a tan pocas personas y tan poco de la historia que había prendido el fuego. Por traer una perspectiva fresca y una pequeña medida de objetividad como recién llegado, me convertí en el principal vocero público de la iglesia. Más retador, mi puesto requería que fuera el principal trabajador, tanto detrás de la escena como en reuniones públicas, buscando resolver esta tóxica situación.

Como resultado, este conflicto puso ante mí a grandes grupos de personas en reuniones públicas, frecuentemente con docenas, a veces hasta cientos de asistentes, y unos cuantos envueltos en la cobertura de la prensa. Pasaba mi tiempo entre reuniones con miembros o líderes, con padres de la escuela o con la facultad, y con la junta directiva de la escuela. Es difícil enfatizar cuán largo y arduo se volvió este proceso. Las reuniones, grandes y pequeñas, ocurrieron casi diariamente por más de un año. Esta pelea consumió mi labor como pastor quisiera yo o no. Ninguna de estas reuniones era divertida. La experiencia fue mucho como aguantar el acoso de personas amenazándolo a uno con cuchillos afilados, terminar, dar la vuelta, y empezar otra vez. Día tras día. Por más de un año. Todavía siento los residuos de esa experiencia persistentes en mi piel. .

El grupo de padres que decidió oponerse a la iglesia fue con el que me resultó más doloroso tratar. Con frecuencia, mis reuniones con ellos fueron períodos de ira y gritos, seguidos de la programación de más reuniones para hacer lo mismo. En la mayoría de estas reuniones de padres, me encaré con una madre en particular, a quien llamaré Amy. Ella tenía dos niños matriculados en la escuela.

Amy no sólo estaba llena de ira y amargura, también era extraordinariamente vociferante. Parecía no tener nunca una palabra amable que decir, mucho menos a mí. Ella no confiaba en mí en lo absoluto. Se sentía defraudada por la institución a la que le había confiado sus hijos, de modo que cuestionaba todo lo que yo decía y siempre respondía ásperamente. Sus expresiones faciales y sus arranques verbales tenían la intención de herir. Desafortunadamente, este conflicto con ella se extendió de reunión a reunión por casi dos años, porque no podía poner a sus hijos en la otra escuela que ella prefería. Así que ella y sus hijos se quedaron otro año completo.

Simplemente, la experiencia me desgastó, dejándome exhausto física y emocionalmente. Aún peor, la prueba minó mi voluntad y mi deseo de confiar en las personas como antes. Enfrentarse diariamente a un bombardeo de insultos, acusaciones, y mentiras, tiene su precio.

Ese segundo año, a medida que un grupo de padres trataba de matricular a sus hijos en otras escuelas religiosas, se hizo el más largo de mi vida, no sólo por Amy, la madre iracunda, sino también por la tensión que ella y unos cuantos más crearon en los pasillos, en las oficinas, y en el estacionamiento, en toda la escuela cada día. El chisme se acrecentó. La confianza se deterioró. La paranoia se apoderó de varios líderes porque ninguno sabía ya en quien confiar. Yo hice todo lo que pude para evadirlos y seguir adelante con mi vida y mi nuevo ministerio en la iglesia; pero en lugar de hacerle frente a mis sentimientos, los reprimí. Encontré cada vez más difícil confiar en las personas, y cada vez menos alegría en mi labor como pastor.

Finalmente, casi dos años después de las erupciones iniciales, esta madre y sus hijos se fueron a otra escuela. Me sentí aliviado de no tener ya que encontrarla o ver la ira y la amargura en sus ojos, mas aún podía sentir el resentimiento en mi corazón. Eso no se fue.

Alrededor de un año después, nuestra escuela y la nueva escuela de sus hijos jugaron un partido de tenis. Decidí ir al campo y mirar el juego por unos minutos, sin considerar que esta madre también estaría allí. Cuando salí del automóvil y empecé a caminar hacia el campo, mi corazón se paralizó al ver a Amy caminando hacia mí. Mi estómago se encogió. Me preparé para lo que venía. Escenas retrospectivas de los dos años anteriores explotaron en mi mente como si fuera un soldado volviendo a vivir a Vietnam.

Sin embargo, en lugar del veneno que estaba esperando, Amy extendió la mano y dijo algo como, "Allen, quiero excusarme con usted. Estos últimos años han sido muy duros. Ahora me doy cuenta de que usted me estaba diciendo la verdad. Me porté muy mal con usted, y me excuso. Lo siento. Por favor, perdóneme". No podía creerlo. Me quedé impactado. Me había preparado para lo peor y nunca esperé lo que recibí.

Ella había dado el primer paso. En lugar de un puño cerrado, Amy había extendido una mano abierta. Y en esa mano estaba una llave para abrir la puerta y dejarme salir de todo el dolor y la angustia que yo había encontrado. Perdonarla había parecido algo imposible, por lo menos un puente más lejos de lo que yo podía viajar. Estaba demasiado débil. De hecho ni siquiera había podido juntar la energía para tratar de perdonarla. Simplemente, era demasiado.

Todo el mundo necesita perdonar a alguien. Me era claro que yo necesitaba perdonar a Amy. ¿Cómo no iba a poder? Pero fue realmente milagroso—porque ella dio el paso que yo nunca hubiera podido dar. De alguna manera ella salió y me dio la llave para preparar un nuevo camino, un camino libre de la amargura y del veneno que se habían ido acumulando dentro de mí.

Para ser honesto, nunca en mi vida había estado más sorprendido de lo que estuve en ese momento. Para ser todavía más honesto, nunca en mi vida tampoco me había sentido más libre. Fue la excusa más genuina que jamás he recibido. Me bañó como una buena ducha después de un día de estar cubierto de arena de la playa. Y vino de una mujer que casi no conocía afuera de los asaltos verbales que me había dirigido casi diariamente durante años. Espiritualmente, yo sabía que debía haber rezado por Amy, pero no había podido hacerlo por mi orgullo y mi renuencia a tratar con el dolor que sentía.

Todo el mundo necesita perdonar a alguien. Usualmente, el obstáculo más grande es la renuencia de una persona a dar el primer paso. La madre en esta historia tuvo el valor que yo no tuve. Por ese valor, ella y yo experimentamos una nueva vida. Si ella no hubiera dado ese paso, no tengo idea de cuánto tiempo yo hubiera cargado con el resentimiento y el dolor dentro de mí. Quzás todavía lo tendría hoy. Y ahora estaría bloqueando mi habilidad para vivir.

Con su extraordinario valor y su honestidad espiritual, Amy me enseñó mucho. Me dio la llave.

|||

PREGUNTAS PARA DISCUTIR

1. ¿Quién es el mejor perdonador en tu vida? ¿Por qué piensas en esa persona en particular?
2. ¿Cuándo ha dado alguien el primer paso para perdonarte? ¿Qué aprendiste de esa experiencia?

AYUDA DE LA VIDA REAL 8

Toma la decisión consciente de perdonar. Haz que la decisión sea real escribiendo "Decido perdonar" ahora mismo en el espacio provisto.

_____

Resuelve hoy que vas a ser un perdonador. Aunque no tengas una idea de cómo, decide ser un perdonador de todas maneras. Es algo muy parecido a aprender a montar una bicicleta. Solamente aprendes a perdonar perdonando. Pon tu mente y tu espíritu en el perdón, Con frecuencia, lo que más impide seguir adelante es no poder decir, "decido ser un perdonador" Decide perdonar hoy. Un gran lugar para hacerlo es en Confesión con tu sacerdote. Dile que quieres ser un perdonador y pídele que te ayude.

Haz del perdón el centro de tu vida de oración cada día. Puede cambiarte todavía más de lo que cambia a quienes te rodean.

Es la decisión correcta por muchas razones, incluyendo el punto básico que ¡te ayuda a *ti* más que todo! Lo creas o no, las personas que perdonan:

- Se benefician teniendo un sistema inmunológico mejor y una presión arterial más baja que las que no pueden perdonar.
- Tienen una salud mental mejor que las que no perdonan.
- Tienen menos ira, ansiedad, y depresión que las que se aferran a viejas heridas.
- Disfrutan más relaciones agradables y duraderas que las que no pueden encontrar una manera de perdonar.

Decide hoy ser un perdonador, y ¡deja que los beneficios abunden!

9

Un Proceso Más Que
un Momento: Gary

Perdonar no es olvidar. Son dos cosas muy distintas.

Gary preguntó, "¿Por qué no vienes y ves el juego de los 'Steelers' conmigo?"

Brooks, el hijo mayor de Gary respondió, "no puedo ahora. Estoy llevando a Gregorio a pelarse".

Esas palabras llenaron el alma de Gary con un gran pesar. Lo primero que pensó fue: "yo nunca hice eso". Oír que Gegorio, su nieto de cuatro años de edad, iba a pelarse le recordó cómo él se había perdido cada pelado de la niñez de Brooks. Esos pequeños momentos—enseñarle a jugar a la pelota, llevarlo a pelarse, enseñarle a montar bicicleta—todos eran momentos sagrados que Gary se había perdido. Todo a causa del divorcio.

Por supuesto, Gary no se había casado con el plan de divorciarse. Nadie lo hace jamás. Los días de boda burbujean con esperanzas y sueños, con posibilidades para el futuro. Los días de divorcio miran al fondo quemado de la olla y se preguntan qué pasó.

Para Gary y su primera esposa, poco después de la llegada de dos hijos, el matrimonio se deshizo. Había mucha culpa que llevar, pero no cambiaba los hechos: Gary fue alejado de sus hijos, y su ex-esposa estaba perfectamente feliz limitando el tiempo que pasaban juntos. Cada vez que Gary viajaba al pueblo donde su ex-esposa y sus hijos vivían, habría de experimentar el dolor y la crudeza. Pronto llegó a darse cuenta de por qué muchos hombres se alejan de sus hijos y de su pasado antes de continuar experimentando esa clase de dolor.

Las heridas del divorcio fueron muy reales. Con un matrimonio fracasado, Gary se había decepcionado, había decepcionado a sus padres y su fe. El creía que le había fallado a Dios. El matrimonio es un voto sagrado, y los votos de Gary no habían sobrevivido. Todavía más doloroso que ese fracaso fue el daño y el dolor que el divorcio le había infligido a sus dos hijos durante sus años de crecimiento. Gary, un hombre de estándares elevados, había tenido grandes expectativas para el matrimonio y para la crianza de los hijos. Ahora, se miraba en el espejo y encaraba el hecho que no había estado a la altura de esas expectativas.

Profesionalmente, a Gary le fue muy bien. Subió muy alto en su carrera; tuvo éxito en todo momento y se elevó hasta convertirse en el jefe administrativo de una compañía valorada en mil millones de dólares. Volvió a casarse, e hizo todo lo que pudo para ser un buen padre para sus dos hijos, frecuentemente de lejos ya que su trabajo lo hacía viajar por todo el mundo. No obstante, por la mayor parte, Gary estaba ausente. Ausente de pelados, de prácticas de béisbol, y de recitales de balet. Ausente de tareas y de conversaciones durante la comida y de entrenar a sus hijos para la vida.

Ahora que sus hijos habían crecido, podían tomar sus decisiones y programar sus actividades en lugar de ser dirigidos por alguno de los padres. Como resultado, Gary aprovechó la oportunidad para crear una nueva clase de vida con ellos. Estableció la nueva prioridad de conocerlos bien, en cierta forma no había podido hacerlo antes, y querer a sus hijos y a sus nietos. La consecuencia fue que estaba estableciendo una relación más profunda con ellos, con su esposa y esposo y con los nietos que estaban llegando. Mas cada vez que estaba con ellos, mirarlos a los ojos le hacía recordar crudamente el dolor de su divorcio. Era como si el divorcio fuera una piedrecita echada en un gran pozo que seguía creando ondas por años y años—el residuo del impacto de esa decisión se sentiría mucho después de haberla tomado. Nunca pudo librarse de ella.

A medida que su nuevo matrimonio prosperaba y su relación con sus hijos mejoraba, Gary también alimentaba su vida de fe. Después de su divorcio, había tomado largos hiatus de Dios, de su fe y de la Iglesia. Las semillas de la fe habían sido bien plantadas por su madre cuando él era joven, de modo que el potencial para crecer todavía estaba ahí. Simplemente, no había cuidado el terreno para producir la cosecha. No obstante, ahora, a medida que envejecía, Gary empezó a volver a las raíces de su fe. Primero, desarrolló una vida de oración. Segundo, se incorporó a un estudio bíblico. Tercero se volvió un generoso donador que usaba todos sus recursos para invertir en el Reino de Dios más bien que en sí mismo.

Por medio de estos pasos, Gary descubrió que, con frecuencia, el perdón llega más fácilmente que perdonarse a uno mismo. Cuando nos damos cuenta de cuánto hemos lastimado a las personas que nos rodean o cuánto hemos ofendido a Dios quien nos creó, perdonarnos a nosotros mismos puede ser un reto.

Gary tomó la decisión clave de colocarse en una corriente de perdón. Escuchó cuidadosamente las palabras de Jesús en la parábola del sirviente que quería que lo perdonaran pero no estaba dispuesto a perdonar a otro sirviente. Gary aprendió que si quería que lo perdonaran, necesitaba ponerse en una corriente de gracia empezando por perdonar a otros. Y esa corriente comenzó dejando que el perdón de Dios le diera la fuerza y el valor para perdonarse a sí mismo.

En ese proceso de perdonar a las personas que lo rodeaban, Gary dio lugar a una ola de gracia que finalmente se volvió a él para saturar su vida. Mientras más perdonaba, más gracia y perdón recibía, El dio el primer paso y reconoció los muchos errores que había cometido en ese primer matrimonio. "Escogeré perdonarla y perdonarme. No puedo hacer otra cosa. Esos errores no se pueden deshacer. Y escojo no vivir continuamente en el pasado". El no podía arreglar el pasado, per podía arreglar el futuro.

Y con esa ola de gracia perdonadora Gary se enfocó en el presente más bien que en el pasado. Una nueva resolución establecida: "Voy a ser el mejor padre que pueda ser para mis hijos hoy. E invertiré cuidadosamente en mis nietos". Ahora, Gary organiza su vida entre fiestas de natación y quedarse a dormir, tardes relajadas en el patio, y vacaciones en la playa, todo para poder estar envuelto con sus nietos lo más posible. No se puede arreglar el pasado, pero se puede arreglar el futuro. Y cada día Gary da un paso hacia adelante para hacer eso.

Perdonar no es olvidar. Son dos cosas muy distintas. Unos veinticinco años después del divorcio, Gary todavía siente sus efectos. No existe el borrador que pueda remover todo el daño o su recuerdo. Ocasionalmente, el dolor traspasa la superficie. Pero cada día Gary escoge perdonar echar el pasado a un lado más bien que olvidarlo, y emplear su esfuerzo en hacer este día lo más fructífero posible. No olvida el dolor; más bien lo sobrepasa.

El perdón ha sido una jornada de veinte años, un largo proceso para Gary, dando pasitos en una serie de momentos a lo largo del camino: oración aquí; estudio bíblico allá; reflexión y oración contínuas. Ningún momento mágico que lo borra todo. Simplemente un paso a la vez, buscando convertirse en la mejor versión de sí mismo, confiando en Dios para que llene las hendiduras, y ofreciéndole el perdón a los demás como él espera recibirlo.

El proceso ha funcionado. Hoy Gary está en paz consigo mismo. No niega los errores; más bien, los acepta. Se enfoca en el presente y en lo que puede controlar ahora más bien que seguir reviviendo el dolor y el sufrimiento de los fracasos que no se pueden deshacer. Eso es saludable. Eso es progreso. Y ha tomado tiempo.

Con la llave del perdón, Gary ha construido exitosamente una relación vibrante con sus hijos y sus siete nietos de una manera que parecía inimaginable hace veinte años, Todos necesitan perdonar a alguien. Para Gary, la primera persona a perdonar fue él mismo.

| | |

PREGUNTAS PARA DISCUTIR

1. Menciona tres cosas que son jornadas y procesos en tu vida aunque tú desees que pudieran ocurrir en un momento; por ejemplo, perder peso, salir con alguien y encontrar una esposa, estar en forma, obtener un título. ¿Qué te enseñan estas jornadas sobre la jornada del perdón?

2. ¿Cuáles son los hábitos claves que te ayudarán a perdonar cada vez más con el tiempo? Gary usó las claves de la oración diaria, un grupo de estudio bíblico, una generosidad creciente para cultivar un espíritu más perdonador. ¿Qué hábitos claves puedes usar?

AYUDA DE LA VIDA REAL 9

Abraza la Eucaristía. En la Eucaristía, Jesús Se te ofrece. Coloca Su propio Cuerpo y Su propia Sangre en ti para cambiarte.

Tiene grandes esperanzas para tu alma y para tu vida. Quiere que te conviertas en un pequeño Cristo. Eso significa que Jesús quiere que seas una persona extraordinariamente generosa. Y un gran hábito para crecer en el perdón con el tiempo, es recibir la Eucaristía tan frecuentemente como sea posible. Si no vas a Misa todos los Domingos, empieza ese hábito. Si vas todas las semanas, empieza a añadir Misas diarias a tu calendario como suplemento de la cantidad de Eucaristías en ti. Tu transformación en un pequeño Cristo ocurre como un proceso, y lo mismo pasa con tu habilidad para perdonar. La Eucaristía alimenta y aviva ese proceso.

Aquí está una idea para abrazar el perdón más profundamente en la Eucaristía: Al recibir la Comunión, toma tiempo antes, durante y después para mirar el crucifijo. Medita sobre la Divina Misericordia de Jesús para ti. Acoge esa Misericordia en tu vida.

10

Ver Más Allá del Pasado para Creer lo Mejor: "Jane"

"Cuando miraba alrededor de la multitud, no vi nada más que rostros perplejos y miradas curiosas".

Mensaje de un Escriba Judío del Siglo I

Libros—podría pasar mi día entero nadando en ellos. Siempre me ha encantado leer y estudiar, así que cuando mi padre me dijo que había sido escogido para ser una escriba, me vino bien. Estudiar, leer, copiar manuscritos y libros—ese era yo, una escriba judío. Y que me pagaran por hacerlo. No pude imaginar una vida mejor. ¡Era perfecto!

Disfruté la escuela de escribas más que la mayoría de mis amigos. Conocer los detalles de la ley venía bien con mis puntos fuertes. Me gustaban los detalles y la precisión. Nuestros estudios del idioma hebreo se convirtieron en mi pasión; las Escrituras, mi primer amor. La ley de Dios es perfecta, y yo estaba entrenado para compartir esa perfección con los judíos que me rodeaban. Me encantaba que las personas vinieran a mí para descubrir la voluntad de Dios y Sus palabras, para ayudarlas a discernir lo bueno de lo malo. Eso es lo que hacen los escribas. Por no mencionar que como escribas disfrutábamos poder y respeto. El prestigio venía con el puesto, y eso me gustaba. Tener que las personas en un restaurante te dieran el asiento de honor, o que los vecinos te trajeran regalos para poder pedirte tu opinión—¿a quién no le iba a gustar eso?

Además podía hacer mucho bien. Resolvía disputas maritales, dirigía tratos de negocios que habían ido mal, y resolvía discusiones entre vecinos. Interpretaba la ley y determinaba quién tenía la razón y reprendía al que estaba equivocado. Yo era un escriba un hombre íntegro de Dios.

El día que conocí a Jesús empezó como cualquier otro día. Estaba trabajando cuando oí el clamor afuera. Unos hombres habían encontrado a uno de sus amigos casados con una mujer. ¡Adulterio! Esa era mi especialidad. Y esta vez, la evidencia era obvia. Quiero decir, ella estaba prácticamente desnuda ahí mismo delante de nosotros. Como escriba, obviamente, sabía que el pecado de adulterio se destacaba en la lista de los de los Diez Primeros de Dios. Las Escrituras eran claras. La suerte de esta mujer estaba decidida; morir apedreada era la única respuesta. De hecho la única pregunta era si el hombre también debía ser castigado a morir. Reunimos nuestras piedras y estábamos listos. Esta descarada mujer desnuda se echó en el suelo llena de miedo delante de nosotros, vulnerable, con una mirada de horror combinado con vergüenza marcada en su rostro.

Pero antes que lanzáramos las piedras, Benjamín, uno de los

fariseos, quiso decir algo. Todos estábamos cansados de este Jesús y de todo el alboroto dondequiera. El dijo, "¿Han visto a Jesús?" "Ese Jesús es asombroso" "Me pregunto si Jesús iría a mi casa hoy" Fue realmente nauseabundo.

Sus enseñanzas parecían deslumbrar a todos. ¿No se daba cuenta la gente de que nosotros lo escribas éramos los únicos que *realmente* conocíamos las Escrituras? Después de todo, Dios nos puso a cargo, ¿no es cierto? Ese era nuestro trabajo.

De todas maneras, Benjamín nos persuadió para que arrastráramos a la mujer desnuda hasta donde estaba Jesús cuando El estaba enseñando afuera del templo. La multitud que escuchaba a Jesús estaba cautivada, miradas deslumbradas en el rostro de cada persona. Al fin, ésta era nuestra oportunidad. Esta vez expondríamos a Jesús como el fraude y el impostor que era. Allí mismo para que todos lo vieran.

Colocamos a la mujer frente a El y le recordamos los dolorosos hechos: "En la ley, Moisés nos ordenó apedrear a una mujer como ésta. Ahora, ¿qué dices tú?" Lo teníamos. No había un sabelotodo para esa pregunta. Sabíamos que lo teníamos y lo llevaríamos a la justicia. De una vez, todos verían quién era realmente: un artista de trucos baratos.

Entonces pasó. Un misterioso silencio. Se sintió como si toda la tarde pasó a medida que el silencio se mantenía suspendido en el aire. Quiero decir, era algo extraño. Allí estábamos, una multitud de gente, una temblorosa mujer desnuda, algunos escribas y fariseos, y Jesús. Le hicimos una pregunta sencilla, finalmente El se inclinó y empezó a escribir en la tierra con el dedo. ¿Qué es eso? ¿Escribir en la tierra con el dedo? ¿Es esto kindergarten o algo así?

De modo que Solomón, otro fariseo, siguió acribillándolo con preguntas. "Usted sabe lo que dice la ley. ¿Qué dice sobre eso? Usted ha oído lo que dijo Moisés, ¿Y usted?" Todavía Jesús seguía inclinado. Más silencio. Evasivas, supongo. Lo bombardeamos con más preguntas, y El no decía nada. Sabíamos que lo teníamos, y entonces abrió la boca. Se enderezó y nos dijo, "El que esté exento de pecado que le tire la primera piedra".

Por supuesto que teníamos pecados. ¿Quién no? Pero, tengo que admitir, que el hombre nos había desconcertado. Empecé a pensar que había trabajado un par de horas el Sábado porque estaba atrasado con mis clientes, y después recordé haber mirado la capa de mi vecino la semana pasada y haber deseado realmente tenerla en lugar de él. No podía sacar todos los malos pensamientos de mi cabeza. Evidentemente nadie tampoco podía. Cuando miré alrededor de la multitud, sólo vi rostros asombrados y miradas curiosas. Nadie tenía idea de qué hacer, así que uno a uno dejamos caer las piedras y nos alejamos.

Más tarde oí que Jesús le preguntó a la mujer, "Mujer, ¿dónde están?" ¿No queda ninguno para condenarte?"

Ella dijo, "No, señor".

Entonces, dijeron, Jesús dijo algo que todavía no comprendo. La miró a los ojos y dijo, "Entonces yo tampoco te condeno. Vete, y no vuelvas a pecar". ¿Quién era El para contradecir a Moisés? Jesús perdonó su pecado. En ese momento. Allí mismo. Quiero decir, ella estaba desnuda y todo. Y El la perdonó. ¿Qué haces con eso?

Jesús no sólo la perdonó. Le señaló algo mejor: "No vuelvas a pecar". Fue como que Jesús pensó que podía convertirse en una persona mejor, le señaló su futuro: "Vete y no vuelvas a pecar". Asombroso. Jesús vio más allá de su adulterio algo más grande. El borró el error y la envió hacia adelante. Allí estábamos, listos para matarla por lo que *había* pasado, y Jesús la liberó hacia lo que *podía* pasar: No vuelvas a pecar.

Eso es perdón. Libertad del pasado. Libertad para el futuro.

| | |

PREGUNTAS PARA DISCUTIR

1. ¿A qué hábito o vicio te aferras más? ¿Una adicción? ¿Una rutina malsana? Una forma de pensar destructiva que has usado por años, como la ira? O pensar siempre lo peor de la gente?
2. Describe en tres oraciones la mejor versión de ti mismo. ¿En quién cree Jesús que puedes convertirte? ¿Hacia qué futuro te señala?

AYUDA DE LA VIDA REAL 10

Recuerda tu Bautismo. Una manera sencilla de abrazar el perdón de Dios es pensar en cuando te bautizaron. Dios te lavó tu pecado. Te incluyó en Su familia. Eso significa que te ha invitado a llevarle tus pecados, tus arrepentimientos, y tus dolores más profundos. ¿Por qué? Porque aún los lava. Recuerda, ¡cuando te bautizaron, te volviste Suyo! Tú le perteneces a Jesús y perteneces a Su familia. Y esa es una buena noticia.

Cuando el sacerdote rocía la congregación con agua bendita durante la Misa, recuerda que le perteneces a Jesús. Estás bautizado. Cuando entres y salgas de la iglesia, usa el agua bendita para marcar tu frente y recuerda. Tú tienes una fuerza mayor que la tuya. Le perteneces a Jesús, y El cree en ti.

11

Tocando el Corazón
de Dios: Corrie

"Nunca había conocido el amor de Dios tan
intensamente como lo conocí entonces".

Mientras los nazis ocuparon su nativa Holanda durante la
Segunda Guerra Mundial, Casper ten Boom tenía una re-
lojería en el piso de abajo de su casa en la ciudad holandesa de
Haarlem. En el piso de arriba, su hija Corrie surgió como la principal organizadora de un movimiento subterráneo para rescatar
a judíos. Gracias a la familia ten Boom, casi ochocientos judíos
se salvaron de ser arrestados y de una muerte cierta a manos del
régimen de Hitler. Ochocientas vidas fueron salvadas.

La casa de la familia ten Boom era alta y estrecha y tenía
una escalera empinada hasta cada descanso. En los altos, en la
pared de la habitación de Corrie, los ten Booms habían hecho
un escondite para los judíos que la familia había rescatado del
peligro nazi y vivían allí. Crearon ese escondite para que no fueran

descubiertos en caso de que la policía secreta llegara a inspeccionar la casa. Como medida preventiva, también realizaban simulacros de evacuación periódicamente para estar preparados en caso de que la Gestapo tocara a la puerta inesperadamente. Todos vivían nerviosos y amedrentados.

Finalmente, el allanamiento que temían ocurrió. La fecha: 28 de Febrero, 1944. Un repentino golpe en la puerta sorprendió a la familia y a sus invitados judíos. Apresuradamente, Corrie escondió a los judíos y a otros miembros del movimiento detrás de la pared en su habitación antes de que la policía pudiera encontrarlos. Finalmente, todos los que estaban en el escondite escaparon milagrosamente.

Sin embargo, tristemente, arrestó y encarceló a toda la familia ten Boom. Casper, que tenía ochenta y cuatro años de edad, falleció diez días después. Corrie y su hermana Betsie, fueron transferidas al abominable campo de concentración Ravensbrück, cerca de Berlín, donde Betsie murió diez meses más tarde. Un sobrino, Kik, murió víctima de abusos y hambre en otro campo.

Increíblemente, Corrie fue liberada de Ravensbrück debido a un error administrativo, y rápidamente regresó a Holanda, determinada a ayudar a los que habían sufrido. Después de la guerra, empezó a recibir invitaciones de grupos cristianos en otros países pidiéndole que hablara sobre sus inspiradoras experiencias de rescate, valor, y sobrevivencia.

Cuando estaba terminando una de esas charlas, Corrie

se quedó pasmada al ver a un hombre al que inmediatamente reconoció como uno de los temidos guardias que había conocido en Ravensbrück, y en seguida le vinieron a la mente su propio sufrimiento y la pérdida de su familia. En sus propias palabras: "En un momento vi el abrigo y el sombrero marrón; al siguiente, un uniforme azul y una gorra con visera con su calavera. Volvió aprisa: el cuarto enorme con sus molestas luces en el techo; la patética pila de vestidos y zapatos en el centro del piso; la vergüenza de caminar desnuda delante de este hombre. . . ." La mente de Corrie fija de nuevo en los horrores que había experimentado en Ravensbrück. Ahora, años después, de pie en un lugar lejano, retrocedió del hombre que se acercaba. El no había sido simplemente un guardia en Ravensbrück; había sido uno de los más crueles de todos.

El hombre extendió la mano para saludar a Corrie. "¡Un magnífico mensaje, fräulein / señorita! ¡Qué bueno que, como usted dijo, todos nuestros pecados están en el fondo del mar!"

El momento de confrontación obligó a Corrie a reflexionar sobre su propio discurso, en el que había hablado tan fácilmente del perdón. El perdón que había parecido tan fácil describir, ahora se presentaba en una forma muy difícil justo ante sus ojos. Buscó a tientas en su cartera antes que estrechar la cruel mano extendida. Cualquier cosa para tomarse un momento para dejar que su corazón y su mente se calmaran. Cuando recordó a su hermana muerta, el temor que los había invadido en el campo, y los horrores de tantas personas muriéndose de hambre o siendo ejecutadas en duchas de gas, una pura repulsión se apoderó de ella, saturando su cuerpo y su mente.

"Por supuesto, él no me recordaría", Corrie diría más tarde. "¿Cómo podría recordar a una prisionera entre esas miles de mujeres? Pero yo lo recordé a él y la fusta de piel colgando de su cinturón. Estaba cara a cara con uno de los que me apresaron y parecía que mi sangre se congelaba".

El guardia le habló a Corrie. "Usted mencionó a Ravensbrück en su charla. Yo fui un guardia allí". Y Corrie se dio cuenta de que no la había reconocido ni la recordaba a ella o a su familia. Mientras que él no la recordaba en lo absoluto, ella lo recordaba a él vívidamente.

El seguía hablando. Desde entonces me he vuelto cristiano. Sé que Dios me ha perdonado por las cosas crueles que hice allí, pero también me gustaría oírlo de sus labios. Fräulein / señorita, ¿me perdonaría usted?"

Otra vez extendió su mano tratando de alcanzar la de ella.

Corrie se encontró arrastrada a un vórtice de emociones y recuerdos. "Yo estaba allí—yo, a quien sus pecados le habían sido perdonados una y otra vez—y no podía perdonar. Betsie había muerto en ese lugar—¿podía él borrar su muerte lenta y terrible simplemente pidiendo? No podían haber pasado muchos segundos desde que él llegó allí y extendió la mano, pero a mí me parecieron horas en lo que yo luchaba con lo más difícil que jamás había tenido que hacer".

La gravedad del momento paralizó a Corrie ten Boom. Esta

mujer valiente que había arriesgado su vida tan valientemente, ahora se encontró incapaz de responderle a un hombre que le había hecho una sencilla pregunta: "¿Me perdonaría?"

Ella sabía la respuesta, pero luchaba para encontrar las palabras. "Porque tenía que hacerlo—yo lo sabía. El mensaje 'Dios perdona' tiene una condición previa" que perdonemos a quienes nos han hecho mal. 'Si no les perdonas a los hombres sus ofensas', dice Jesús, 'tu Padre en el Cielo tampoco perdonará tus ofensas'".

Estaba claro. Corrie no sólo *tenía* que perdonar a este hombre, también *necesitaba* perdonarlo. Por su bien y por el de ella. La puerta a un futuro saludable se sentía cerrada, pero ella sabía que el perdón proveería la llave si ella tan sólo podía reunir la fuerza para ofrecerlo.

Ella dijo, "Yo lo sabía no sólo como un mandato de Dios, sino como una experiencia diaria. Desde que terminó la guerra los que pudieron perdonar a sus enemigos, también pudieron volver al mundo exterior y reconstruir su vida, sin importar las cicatrices físicas. Los que alimentaron su amargura, permanecieron inválidos. Fue tan simple y tan doloroso como eso".

Fue casi como si Dios estuviera mostrándole que la decisión era real. Escoge el perdón y abre tu puerta a una vida nueva, a la sanación y a tu futuro. Niega el perdón y permanece encerrada en la celda de la prisión de tus recuerdos amargos que acabarán destruyéndote.

Corrie extendió la mano. "Y tan inexpresivamente, mecánicamente metí la mano en la que me había sido extendida. Y cuando lo hice, pasó algo increíble. Una corriente empezó en mi hombro, bajó por mi brazo, saltó en nuestras manos unidas, y entonces este calor sanador inundó todo mi ser, llenando mis ojos de lágrimas".

Extendiendo su mano, ofreciendo su corazón, y compartiendo el perdón, Corrie ten Boom abrió de golpe la puerta que había estado cerrada por tantos años.

"¡Te perdono, hermano!" exclamó. "Con todo mi corazón".

Y, en las palabras de Corrie, "Por un largo momento nos estrechamos las manos, el ex-guardia y la ex-prisionera. Yo nunca había conocido el amor de Dios tan intensamente como lo conocí entonces".

El perdón quita la cerradura y abre la puerta precisamente porque en ese momento experimentamos la presencia de Dios de una manera más impactante. En ese momento de valor, cuando extiendes la mano y ofreces tu corazón, entra Dios. Casi puedes tocarlo, simplemente porque Su corazón está ahí mismo, a tu lado.

Todos necesitamos perdonar a alguien. En un momento inesperado, Corrie ten Boom se dio cuenta de eso más que nunca antes. Sin previo aviso, pero saturada de gracia, perdonó a un hombre cuyas malas acciones habían conducido a su propio sufrimiento y hasta a la muerte de su familia. Por su valor, llegó a decir una verdad que solamente se puede conocer cuando se perdona: "Yo nunca había conocido el amor de Dios tan intensamente como lo conocí entonces".

|||

PREGUNTAS PARA DISCUTIR

1. ¿En qué momento de tu vida te sentiste más cerca de Dios? La semana pasada, ¿en qué momento te sentiste más cerca de Dios?

2. Describe el momento de perdón más impactante que jamás hayas experimentado. ¿Quién estuvo envuelto? ¿Cómo ocurrió el perdón? ¿Cómo te sentiste?

AYUDA DE LA VIDA REAL 11

Realiza un acto bondadoso. Ser bondadoso con alguien que se ha aprovechado de ti impide que te sientas resentido, y también puede cambiar su corazón.

Por ejemplo, en una historia bien conocida, un chino cristiano era dueño de un arrozal que estaba al lado de un arrozal cuyo dueño era comunista. El cristiano regaba su arrozal bombeando agua de un canal usando una bomba que operaba con las piernas, que lucía como una bicicleta. Todos los días bombeaba suficiente agua para llenar su campo. Pero todos los días, el comunista salía, quitaba unas tablas que mantenían el agua en el campo del cristiano, y dejaba que el agua cayera en el suyo. Haciendo esto, no tenía que bombear agua para su arrozal.

Este egoísmo irritó al cristiano. La injusticia continuaba día tras día hasta que finalmente él rezo, "Señor, si esto sigue así, voy a perder mi arroz, tal vez hasta mi campo. Yo tengo una familia que cuidar. ¿Qué puedo hacer?"

El Señor respondió. El día siguiente, el cristiano se levantó antes que amaneciera y bombeó agua en el campo de debajo de su vecino comunista. Entonces, reemplazó las tablas y bombeó agua en su arrozal. En unas semanas los dos arrozales iban bien y, mejor aún, el comunista se hizo cristiano. La bondad venció el,egoísmo. El bien conquistó el mal.

Esta semana, encuentra a alguien y haz algo bondadoso. No se lo anuncies a nadie, y actúa sin expectativas de ser notado o recompensado—simplemente un acto puro con un corazón puro. Nota cómo sólo haciendo esto ablanda tu corazón.

La semana próxima, encuentra la manera de hacer un acto bondadoso por alguien que te ha lastimado. De nuevo, no anuncios o expectativas. Sólo actúa bondadosamente, y deja que Dios te ablande. Sé bendecido

Todos necesitamos perdonar a alguien. La bondad puede aclarar el camino.

12

Creando Belleza de la Fealdad: Juan Pablo

Hasta en ese momento de aflicción, San Juan Pablo II tiene la mentalidad para reconocer que sesenta y cuatro años antes algo trascendental había ocurrido.

En 1978, como metodista, el Papa me pareció irrelevante. ¿Qué tenía que ver el líder de los católicos conmigo? Con la elección de Juan Pablo II, mi perspectiva cambió completamente.

Por razones desconocidas para mí, le presté atención a este hombrecito polaco que parecía tan amoroso. Así como muchas otras piezas del mosaico de Dios obran en mi alma, no puedo explicar cómo la santidad del Papa me atrajo. Pero la verdad estaba clara: La santidad emanaba del Papa Juan Pablo II dondequiera que iba, hasta cuando aparecía en la pantalla de televisión a miles de millas de distancia. Un sin número de personas aparecen en una pantalla de televisión, y ni una sola comunica santidad. Sin embargo, San Juan Palo II simplemente pasaba en su vehículo, saludaba con la mano, o le hablaba a la multitud, y una amable santidad surgía de la televisión mientras yo lo miraba en Norteamérica. Fui atraído a Su santidad como un sediento a un vaso de agua fresca.

Una palabra describe a San Juan Pablo II: *diferente*. Diferente al mundo. Diferente a la mayoría de los cristianos. Simplemente diferente. Por supuesto, San Juan Pablo II vivió una vida devota a la oración continua. Pasar tiempo en adoración ante el Santísimo Sacramento, y buscar el envolvimiento y la unidad total con Dios, proveía el alimento básico de su día. Y ese tiempo de alguna manera lo transformó en un receptáculo de gracia que yo nunca había encontrado antes.

Mientras encontraba el camino de regreso a la Iglesia, un amigo protestante me animó a que leyera *John Paul the Great / Juan Pablo el Grande*, el recuento de los eventos del 13 de Mayo de 1981 de Peggy Noonan. Irónicamente, ese amigo no tenía idea de mi jornada hacia convertirme al catolicismo, ni sabía que San Juan Pablo II había ejercido una gran influencia en mi alma. Pero tenía razón. Ese día lejano capta la esencia del Papa Juan Pablo II y demuestra cómo el perdón define su santidad.

El año es 1981, y él ha sido Papa por dos años y medio. El llega a la Plaza de San Pedro a las cinco de la tarde entre una multitud de casi veinte mil personas. El Papa sonríe, saluda con la mano, carga a niños y los bendice. Es un día maravilloso.

De repente, se oye un disparo, después otro—disparos de una pistola automática cuando un escapado de una prisión turca, un musulmán llamado Mehmet Ali Agca, atenta asesinar al Papa Juan Pablo II. Una bala roza el codo del Santo Padre. La segunda atraviesa su costado y penetra en su abdomen. Se desploma hacia atrás, en los brazos de su secretario personal el Padre Stanislaw Dziwisz.

El Santo Padre empieza a orar inmediatamente. En otras palabras, su primer impulso en una crisis es hablar con Dios, mostrando una asombrosa presencia de mente y espíritu. El Papa personifica la oración hasta el punto de continuar su devoción hasta en el valle de la sombra de la muerte. Es como si tuviera un reflejo de oración.

Los que están cerca de él sienten que va a morir. El sangramiento es profuso y el daño grande. Mientras ora, se da cuenta de que son las cinco de la tarde el 13 de Mayo. Tiene la presencia mental para recordar que en este día, en 1917, la Virgen María se apareció por primera vez a los niños pastores en el campo cerca de Fátima. Así que, por supuesto, el Santo Padre, empieza a rezar pidiéndole ayuda a Nuestra Señora de Fátima.

Tengan en mente que el Papa tiene cinco heridas abdominales y la primera bala no impactó su principal arteria abdominal por una décima de pulgada. Aún en ese angustioso momento, San Juan Pablo II tiene la presencia mental de reconocer que sesenta y cuatro años antes algo trascendental había ocurrido.

Así que el Santo Padre le reza a la Santa Madre pidiéndole ayuda.

A las cinco de la tarde, el viaje de la Plaza de San Pedro al hospital dura unos treinta minutos debido al tráfico. Ese día tomó ocho minutos solamente. El Papa estuvo cinco horas en cirugía. Todo el mundo sabe que va a morir porque el daño causado a su cuerpo es tan horrible. No obstante, más tarde San Juan Pablo II dijo, "Tuve una visión que me iba a salvar".

El Papa sale de la cirugía, y ¿qué es lo primero que hace? Pide ver la bala. Le traen la bala del asesino que los cirujanos habían removido de su cuerpo. Le da vueltas entre sus dedos y da instrucciones a su personal que la lleven a Fátima y hagan que la injerten dentro de la corona de la estatua de Nuestra Señora. Todavía se puede ver hoy día, un regalo de santidad y oración.

Dos años después del intento de asesinato, llega la Navidad de 1983. El Santo Padre se da cuenta de que nunca ha conocido ni le ha expresado perdón a su aspirante a asesino. De modo que el Papa, la cabeza de la Iglesia, va durante la semana de Navidad a Rebibbia, la prisión de condenados a muerte en Italia, para conocer personalmente a Agca.

Juan Pablo II reúne en su persona las hebras de la santidad, y personifica las palabras de San Pablo instruyendo a los tesalonicenses: "Cuiden que nadie devuelva a otro mal por mal, sino constantemente procuren el bien entre ustedes y con los demás" (1 Tesalonicenses 5:15). En otras palabras, moviéndose para ofrecer perdón, el Papa estaba pagando el mal con bien.

Antes de su reunión, el Papa celebra la Santa Misa con los presos condenados a muerte. Después el hombre que ocupa la silla de Pedro se sienta durante dos horas en una silla plástica con el hombre que trató de ponerle fin a su vida. Los dos hombres se sentaron frente a frente, el Santo Padre y el aspirante a asesino que trató de matarlo.

Cuando se encontraron, el Santo Padre descubre que Agca

le tiene un terror mortal a la Virgen María. El razonamiento de Agca es que como María salvó al Papa, buscaría matarlo a él por su crimen. Por dos horas San Juan Pablo II comparte gracia y amor con el musulmán escapado de una prisión turca. El Papa le explica que la Santa Madre no lo desprecia sino que lo ama y ansía que él conozca a su Hijo Jesús. Dos hombres, sentados en uno de los lugares más oscuros de la Tierra, el corredor de la muerte, y por un momento, una intensa concentración de la luz de Cristo lo llenó.

El perdón ha abierto la puerta no de la celda de la prisión de condenados a muerte, sino de la celda de la prisión de su corazón. Algo aún más extraordinario, el perdón ha transformado a un aspirante a asesino y a su intencionada víctima en amigos. Todos necesitan perdonar a alguien, y San Juan Pablo II se dio cuenta de esa verdad.

Desde ese momento el Papa y su agresor compartieron un lazo. En el 2005, cuando el Santo Padre yacía en el hospital, recibió una tarjea de Mehmet Ali Agca deseándole que se recuperara. Más tarde, cuando el Papa falleció, la primera solicitud para asistir a la Misa fúnebre que recibió el Vaticano fue de Agca.

El Papa tuvo tal impacto no por lo que hizo, sino simplemente por quién era. La santidad en la oración y un corazón saturado de amor se desplegaron en un simple acto de perdón, ofrecido en la celda de una prisión para condenados a muerte por el líder de más de mil millones de católicos, un hombre que ciertamente no *tenía* que perdonar. Más bien, sabía que *necesitaba* hacerlo no sólo por el bien de Agca, sino por el suyo propio.

El perdón lo cambia todo. Ese es nuestro destino. Todos necesitan perdonar a alguien.

|||

PREGUNTAS PARA DISCUTIR

1. ¿Qué es lo que más recuerdas del Papa Juan Pablo II?
2. ¿Alguna vez has tratado de pagar un mal con bien? Funcionó o empeoró la situación?

AYUDA DE LA VIDA REAL 12

Escríbele una carta a alguien que te ha herido mucho. Puedes escoger enviarla o no, pero escribirla es un primer paso importante hacia tu sanación y hacia desprenderte del poder que esa persona tiene sobre tu corazón. En tu carta, expresa el dolor que has experimentado. Escíbelo detalladamente. Comparte con la persona cómo te sientes. Sé tan específico como sea posible. Después expresa que perdonas a la persona que te ha lastimado tan profundamente. Libérala de cualquier animosidad o duros sentimientos que puedas tener.

Siente que la carga está siendo levantada a medida que escribes las palabras ofreciendo el perdón. No importa si la persona está dispuesta a recibir tu perdón o siquiera a reconocer que lo que hizo estaba mal. Esta carta te da la oportunidad de decir las cosas como quieres decirlas. Extiende el perdón hasta cuando describes el dolor. En algún momento puedes escoger enviar la carta si la persona todavía está viva y sabes dónde está, o la carta puede permanecer sellada en tu escritorio como algo que necesitabas hacer. De nuevo, la respuesta de la persona no es el factor importante. Tu oferta del perdón es la llave que desatará el poder de la gracia en tu vida.

Por qué Lo Llamamos "Good Friday" / Viernes Bueno

Cuando piensas en eso, es realmente extraordinario que en inglés se le llame 'Good Friday'—Viernes Bueno traducido literalmente al español—¿no es cierto? Piensa en los detalles por un momento. Jesús murió colgado en la cruz. Mientras sufría, debajo los soldados echaban a la suerte Sus ropas. Jesús los miró desde arriba y le rezó a Dios, "Padre, perdónalos porque no saben lo que hacen" Estas palabras son extraordinarias. Mientras Jesús sufre una muerte atroz, humillado delante de la multitud, en realidad, El hace una pausa y ofrece el perdón. Mira fijo a los ojos del mal, de las tinieblas, y de la muerte, y antes que maldecir, Jesús abre la puerta del perdón ahí mismo delante de todos

¡Caray!

¡Qué visión del corazón de Dios! Por alguna razón, se le llama 'Viernes Bueno al día en que El murió. ¿Por qué se le llama bueno? Después de todo fue un día de extraordinario sufrimiento y muerte.

El día de la humillación de Jesús, fue llevado ante Pilato, azotado, coronado de espinas, burlado, abofeteado, y obligado a cargar su propia cruz. Flagelaron Su Cuerpo, rasgándole la piel, infligiéndole un dolor insoportable. No obstante, El lo soportó.

Cuando Jesús estaba clavado en la cruz, los soldados colocaron un letrero sobre Su cabeza y después se jugaron Sus ropas. Su única bebida fue vino (más bien vinagre) empujado en Su rostro con una esponja. Esta tragedia le pasó al Hijo de Dios; sin embargo, de alguna manera ¿lo llamamos bueno?

Peor que la humillación fue la agonía física, el dolor atroz. No es de sorprenderse que la palabra inglesa *excruciating* se derive de la palabra del latín *excruciare*, que significa "de la cruz". En otras palabras, cuando en inglés se describe la peor clase de dolor, usando la palabra excruciating, se está haciendo referencia a la misma cruz de Cristo.

Y es fácil ver por qué la cruz define la palabra inglesa que expresa el peor dolor imaginable por los seres humanos. Un soldado clavaría el cuerpo a la cruz—primero las manos y las muñecas, después los pies. Entonces, varios soldados levantarían la cruz y la dejarían caer en un hueco con un empujón que causa más dolor aún que el clavar mismo.

Debido a la posición recta de la cruz en la tierra, Las coyunturas se dislocan y se desprenden. Finalmente, el lento y doloroso proceso de la muerte comienza. Gradualmente los hombros se hunden. De la posición medio arrodillada, la víctima trata de enderezarse empujando con los pies, y los clavos desprenden la piel. El colapso físico es inevitable. La respiración se hace cada vez más difícil. El corazón late apresuradamente porque los pulmones necesitan oxígeno. Una agonía terrible sigue. Atroz / Excruciating.

Jesús clavado en la cruz, completamente expuesto, desnudo al sol y a los elementos, sin comida ni agua . . . con nada. Podía morir de un paro cardiaco, asfixia, hambre, deshidratación, exposición, o cualquier otro número de causas. Fue un día tenebroso— ¿cómo puede alguien describirlo como grande, glorioso, o bueno? ¿Viernes Bueno / Good Friday? Realmente tiene más sentido que los alemanes lo miren y lo llamen Karfreitag, o Viernes de Dolores como se le llamaba en los países de habla hispana. Este es un día más doloroso que bueno.

Jesús murió allí en la cruz por el mundo. El letrero clavado sobre Su cabeza estaba escrito en latín, griego, y hebreo—los idiomas del Imperio Romano, del hombre común, y de los judíos, respectivamente. Esas lenguas expresan que Jesús murió en la cruz por el mundo entero.

"¡Así amó Dios al mundo! Le dio al Hijo Unico, para que quien cree en él no se pierda, sino que tenga vida eterna". (Juan 3:16)

La gente explica su muerte de muchas maneras, pero no se puede negar que el sufrimiento y la muerte de Jesús en la cruz nos muestra el lado malo y siniestro de la naturaleza humana. Sabemos esto: el plan de Dios es perfecto. Para Jesús, es un Viernes de Dolores; pero, para nosotros, es realmente un Viernes Bueno. Nuestros pecados son perdonados. Estamos íntegros y completos. Nuestro perdón es real.

El mundo le arrojó todo lo imaginable a Jesús, le lanzó

insultos y vinagre en su cara hasta cuando se estaba muriendo. Y en cambio, Jesús usó la llave del perdón y echó abajo la puerta abriendo el camino al Cielo.

> *Jesús dijo, "Padre, perdónalos, porque no saben lo que hacen". (Lucas 23:34)*

De hecho, toda la misión de Jesús es perdón. Eso es porque el plan de Dios para todo el mundo es perdón y reconciliación. En una palabra, ese es el corazón de Dios: perdón. Y esa es la obra de Dios: reconciliación. Le hemos dado la espalda, y el desea corregirnos. Nuestro corazón se ha desviado. De modo que Jesús viene a decirnos que nos arrepintamos, a señalar el camino al hogar, y a mostrar el amor de Dios. Finalmente, Jesús está dispuesto a morir en la cruz para hacer por nosotros lo que nosotros no podemos hacer por nosotros mismos—librarnos de nuestro pecado. La verdad está clara: Cuando miras a la cruz, ves el mismísimo corazón de Dios.

Necesitamos perdón, y Dios quiere perdonar. Ansía perdonar. Su mismísimo corazón es perdón. Mas noten también las palaras de Jesús como las comparte en el Padre Nuestro, cuando enseña a Sus discípulos. "Perdona nuestras ofensas así como nosotros perdonamos a los que nos ofenden".

Jesús no está diciendo simplemente que necesitamos perdón. Nosotros sabemos que lo necesitamos. De hecho, El lo lleva un paso más allá: Si no puedes perdonar a los demás, Dios no te perdonará. Dios se ata a la promesa que así como perdonas a los demás, El te perdonará. Mientras más perdones, más te será perdonado

Esa es la ley básica de la cosecha y del Reino de Dios (ver Gálatas 6:7–8). ¿Quieres amor? Entonces da amor. ¿Quieres recibir paz? Da paz. ¿Quieres perdón? Mientras más perdones, más perdón recibirás. Mientras más lleves un estilo de vida de perdonar a tu prójimo, menos serás afectado por amarguras, rencores, y resentimientos. Mientras más des, más recibirás.

Cuando aprietas los puños, cruzas los brazos, y rechinas los dientes de ira u odio hacia alguien, no tienes lugar en tu corazón para que Dios ponga Su mano en las tuyas. Reemplaza tu puño cerrado con una mano abierta, y observa cómo Dios llena tu alma hasta desbordarse.

La lección es sencilla: Perdona y desatarás una inundación de gracia venida del Cielo. Todos necesitan perdonar a alguien. Cuando lo haces, abres la puerta para convertirte en la mejor versión de ti mismo al prodigar la gracia de Dios sobre las personas que te rodean y sobre ti mismo. Lo mejor de todo es que también descubrirás que estás tocando el mismísimo corazón de Dios.

SOBRE EL AUTOR

Dr. Allen Hunt es un comunicador católico, profesor de Biblia, y uno de los autores de más venta conocido en todo el país.

El 6 de Enero del 2008, Allen se hizo católico. Esta transición representó la culminación de una jornada de quince años, que fue alentada por un grupo de hermanas dominicas, quienes empezaron a orar por él en 1992. Allen describió una gran parte de su jornada en su impactante libro *Confessions of a Mega-Church Pastor: How I Discovered the Hidden Treasures of the Catholic Church / Confesiones del Pastor de una Mega-Iglesia: Cómo Descubrí los Tesoros Escondidos de la Iglesia Católica,* publicado por la Editorial Beacon.

Allen está asociado con Matthew Kelly como Asesor Sénior en El Católico Dinámico / Dynamic Catholic. El equipo de El Católico Dinámico está dedicado a volver a vigorizar la Iglesia Católica en los Estados Unidos, desarrollando recursos de talla mundial que inspiren a las personas a volver a descubrir el genio del catolicismo.

Una Guia Para La Discusion

INTRODUCCION

Los libros nos cambian la vida. Lo que leemos hoy camina y habla con nosotros mañana, así que de muchas maneras nos convertimos en lo que leemos. Esperamos que este libro cambie tu vida y la vida de las personas con quien te reúnas para discutirlo.

En el Católico Dinámico / Dynamic Catholic, creemos que si el catolicismo ha de florecer, como católicos, necesitamos convertirnos en aprendices continuos.

La lectura espiritual ha sido una parte crucial de la experiencia católica por siglos, pero con las crecientes demandas y distracciones de la vida moderna, las personas están leyendo menos cada vez. Esto es trágico, porque tantas personas tienen tantas preguntas sobre el catolicismo en esta época, y a menos que alimentemos nuestra mente con grandes pensamientos católicos, no podremos compartir nuestra fe de una manera articulada, audaz, e inspiradora.

Una de nuestras metas en el Católico Dinámico / Dynamic Catholic es animar a los católicos a que empiecen a leer grandes libros católicos. Cada año pondremos estos libros a su disposición por medio del Programa de Libros del Católico Dinámico. Diócesis y parroquias pueden comprarlos por sólo dos dólares cada uno, para que puedan ser distribuidos a los que asistan a las Misas de Navidad y de Pascua de Resurrección.

Nuestra estrategia es muy simple: alentar a todo católico en los Estados Unidos a leer dos grandes libros católicos cada año. Creemos que esto sería un elemento de cambio para la Iglesia Católica en este país.

Esperamos que disfrutes *Todos Necesitamos Perdonar a Alguien* y rezamos por que esta guía sea un recurso útil cuando explores lo que Dios te está diciendo en este momento de tu jornada espiritual.

Que Dios te bendiga con un espíritu devoto y un corazón lleno de paz.

El Equipo del Católico Dinámico

PROPOSITO Y FORMATO DE LA GUIA DE ESTUDIO

El propósito de esta guía de estudio es ayudar a los lectores a profundizar más en el libro explorando reacciones y aplicaciones personales. Aunque ha sido producida principalmente para ser usada en pequeños grupos de fe y en clubes de libros, también puede ser usada por individuos para una reflexión personal.

La guía de estudio comprende seis sesiones. Estas sesiones probablemente tendrán lugar una vez a la semana, a la discreción del grupo.

CADA SESIÓN SIGUE EL MISMO FORMATO

- Oración de apertura
- Preguntas a Discutir
- Oración Final
- Anuncios

Recomendamos que el grupo se reúna durante sesenta o noventa minutos, pero que el grupo acuerde al comienzo un tiempo de duración fijo y se adhiera a ese período de tiempo. Se asume que los participantes hayan completado la lectura asignada antes de asistir a cada sesión.

PROGRAMA DE LECTURA

Sesión Uno (Leer páginas vii–15)
- Imagina
- El Peso No Sólo Estaba Frenándome, Estaba Rompiéndome la Espalda
- Abriendo el Camino al Hogar: Millie

Sesión Dos (Leer páginas 17–37)
- El Fracaso Mas Exitoso de Todos los Tiempos: Pedro
- Acogiendo el Regalo: Mitch
- Libertad de un Pasado Doloroso: María

Sesión Tres (Leer páginas 41–54)

- Tiene que Haber una Manera Mejor: Bud
- Soltando el Veneno: Madre

Sesión Cuatro (Leer páginas 55–69)

- Arreglar el Futuro: Tomas
- El Primer Paso: Amy

Sesión Cinco Leer páginas 71–84)

- Un Proceso Más Que un Momento: Gary
- Viendo Más Allá del Pasado para Creer lo Mejor: "Juana"

Sesión Seis (Leer páginas 85–105)

- Tocando el Corazón de Dios: Corrie
- Creando Belleza de la Fealdad: Juan Pablo
- Palabras Finales: Por qué Lo Llamamos "Good Friday" / Buen Viernes

SESION UNO

Lectura: Prólogo, Introducción, y Capítulo 1

ORACIÓN DE APERTURA

Padre amoroso, abre nuestro corazón y nuestra mente
y déjanos ver la belleza de nuestra fe.
Muéstranos lo que es posible y llénanos de gracia, fuerza,
y sabiduría para vivir todas las cosas buenas
que exploramos juntos aquí.
Envía Tu Espíritu sobre nosotros para que podamos descubrir
Tu sueño
para nosotros para convertirnos en la mejor versión de nosotros
mismos, y tener
el valor para defender y celebrar esta verdad en cada momento
de nuestro día.
Te pedimos que bendigas de una manera especial a los
hambrientos, a los solitarios,
a los enfermos, y a los desalentados
Recuérdanos nuestro deber hacia ellos e inspíranos para
llenarnos de una
profunda gratitud.
Te pedimos todo esto por Tu Hijo, Jesús.
Amén.

PREGUNTAS PARA DISCUTIR

- El prólogo de *Todos Necesitamos Perdonar a Alguien* expresa que Jesús se trata del perdón, y cita varios ejemplos. ¿Cuál de los ejemplos en que Jesús se enfoca en el perdón te ha hablado más?

- El prólogo también afirma que el poder del perdón es subestimado y con frecuencia ignorado. ¿Estás de acuerdo? ¿Hay áreas en tu vida en las que el perdón puede desatar poder y sanación?

- En la introducción, Allen Hunt comparte sus propias luchas con guardar rencor y el perdón.

- ¿Por qué crees que tantas personas encuentran que es tan difícil perdonar?

- En la introducción, Allen también se refiere a Dios con un nombre: "hogar". ¿Qué significa que Dios sea nuestro "hogar"?

- En el capítulo 1, Millie cometió un error terrible y encuentra difícil perdonarse a sí misma. Has hecho alguna vez algo tan doloroso que te parezca imposible perdonarte? ¿Qué diferencia es o puede ser Jesús en tu vida? Millie fue al hogar. ¿Qué significa para ti "ir al hogar"? ¿Qué tomaría llegar allí? ¿Crees que Dios es tu verdadero hogar?

ORACIÓN FINAL

Oración del Católico Dinámico

Padre amoroso,
Hoy te invito a mi vida
y me pongo a Tu disposición.
Ayúdame a convertirme en la mejor versión de mí mismo
buscando Tu voluntad y convirtiéndome en un vivo ejemplo de
Tu amor en el mundo.
Abre mi corazón a las áreas de mi vida que necesitan cambiar
para llevar a cabo la
misión y experimentar la alegría que Tú has imaginado para
mi vida.
Inspírame para vivir la fe católica de una manera dinámica y
comprometida.
Muéstrame cómo envolverme mejor en la vida de mi parroquia.
Haz que nuestra comunidad esté hambrienta de las mejores
prácticas
y del aprendizaje continuo.
Dame valor cuando tenga miedo,
esperanza cuando esté desalentado,
y claridad en momentos de decisión.
Enséñame a disfrutar la incertidumbre
y dirige a Tu Iglesia para que se convierta en
todo lo que Tú imaginaste que sería

para las personas de nuestro tiempo.
Amén.

ANUNCIOS

- La lectura asignada para nuestra próxima reunión es capítulos 2, 3, y 4.
- Informen a sus familiares y amigos que pueden solicitar una copia gratuita de *Todos Necesitamos Perdonar a Alguien* visitando DynamicCatholic.com.
- Nuestra próxima reunión será [fecha, lugar, y hora].

SESION DOS

Lectura: Capítulos 2, 3, y 4

ORACIÓN DE APERTURA

Dios amoroso, abre nuestro corazón y nuestra mente
y déjanos ver la belleza de nuestra fe.
Muéstranos lo que es posible y llénanos de gracia, fuerza,
y sabiduría para vivir todas las cosas buenas
que exploramos juntos aquí.
Envía Tu Espíritu sobre nosotros para que podamos descubrir
*   Tu sueño*
para nosotros para convertirnos en la mejor versión de nosotros
*   mismos, y tener*
el valor para defender y celebrar esta verdad en cada momento
*   de nuestro día.*
Te pedimos que bendigas de una manera especial a los
*   hambrientos, a los solitarios,*
a los enfermos, y a los desalentados
Recuérdanos nuestro deber hacia ellos e inspíranos para
*   llenarnos de una*
profunda gratitud.
Te pedimos todo esto por Tu Hijo, Jesús.
Amén.

PREGUNTAS PARA DISCUTIR

• Cuando piensas en tus errores y en tus fracasos, ¿qué te viene a la mente? ¿Divorcio? ¿El momento en que la terquedad te costó una relación? ¿Bancarrota? ¿Traspiés en el trabajo? ¿Falta de habilidad para alcanzar una meta importante? ¿No ser un padre adecuado? ¿Algo que deseas que no habías mencionado? ¿Alguna otra cosa?

• ¿Qué te inspira más de San Pedro? ¿En qué se parece a ti?

• ¿Podría haber áreas o relaciones en tu vida en las que eres ciego para dolores y barreras que han aumentado con los años? Mitch no tenía idea de que su esposa estaba amargada acerca de las palabras que él había gritado dos años antes. Examina tu vida por posibles puntos ciegos en relaciones para ver si hay áreas en las que se necesite el perdón.

• Cuando la esposa de Mitch compartió honestamente la necesidad de perdón en su matrimonio, Mitch acogió y recibió su honestidad como un regalo. ¿Puedes pensar en momentos en tu vida en los que has oído palabras o noticias difíciles de alguien que amas? ¿Las acogiste como un regalo o las rechazaste?

• ¿Cargas algunas heridas de tu niñez al igual que María? ¿Puedes ver áreas de tu vida en las que esos dolores del pasado siguen afectándote y afectando tus relaciones hoy?

- ¿Piensas que perdonar es lo mismo que olvidar? ¿Ayuda entender que perdonar significa seguir adelante más bien que olvidar?

ORACIÓN FINAL

Oración del Católico Dinámico

Hoy te invito a mi vida
y me pongo a Tu disposición.
Ayúdame a convertirme en la mejor versión de mí mismo
buscando Tu voluntad y convirtiéndome en un vivo ejemplo de
*   Tu amor en el mundo.*
Abre mi corazón a las áreas de mi vida que necesitan cambiar
*   para llevar a cabo la*
misión y experimentar la alegría que Tú has imaginado para
*   mi vida.*
Inspírame para vivir la fe católica de una manera dinámica y
*   comprometida.*
Muéstrame cómo envolverme mejor en la vida de mi parroquia.
Haz que nuestra comunidad esté hambrienta de las mejores
*   prácticas*
y del aprendizaje continuo.
Dame valor cuando tenga miedo,
esperanza cuando esté desalentado,
y claridad en momentos de decisión.
Enséñame a disfrutar la incertidumbre

y dirige a Tu Iglesia para que se convierta en
todo lo que Tú imaginaste que sería
para las personas de nuestro tiempo.
Amén.

ANUNCIOS

- La lectura asignada para nuestra próxima reunión es capítulos 5 y 6.
- Crea un diario del perdón para ti. Allen describe cómo hacerlo al final del capítulo 1. Cada día de esta semana pasa un momento escribiendo las áreas de tu vida en las que necesitas que brote el perdón.
- Nuestra próxima reunión será [fecha, lugar, y hora].

SESION TRES

Lectura: Capítulos 5 and 6

ORACIÓN DE APERTURA

Dios amoroso, abre nuestro corazón y nuestra mentr
y déjanos ver la belleza de nuestra fe.

Muéstranos lo que es posible y llénanos de gracia, fuerza,
y sabiduría para vivir todas las cosas buenas
que exploramos juntos aquí.

Envía Tu Espíritu sobre nosotros pata que podamos descubrir Tu
*   sueño*
para nosotros para convertirnos en la mejor versión de nosotros
*   mismos, y tener*
el valor para defender y celebrar esta verdad en cada momento
*   de nuestro día.*

Te pedimos que bendigas de una manera especial a los
*   hambrientos, a los solitarios,*
a los enfermos, y a los desalentados
Recuérdanos nuestro deber hacia ellos e inspíranos para
*   llenarnos de una*
profunda gratitud.

Te pedimos todo esto por Tu Hijo, Jesús.
Amén.

PREGUNTAS PARA DISCUTIR

- ¿Cuál es la herida más dolorosa que has experimentado jamás a manos de otra persona? Cuando piensas en la persona que te lastimó, ¿qué te viene a la mente primero: venganza o liberación? ¿Por qué?

- ¿Qué piensas que convenció a Bud Welch para liberarse de su deseo de venganza? ¿Piensas que hizo lo correcto?

- ¿Alguna vez conociste a alguien que fue asesinado? Has sido un amigo cercano de una familia que haya sufrido el asesinato de un ser querido? ¿Cómo manejaron esa muerte violenta? La han manejado bien o todavía están luchando con la ira?

- El capítulo 6 comparte la historia de Nelson Mandela, Sudáfrica, y un oficial de la policía arrepentido. ¿Cuál es la lección más importante de esta historia para tu vida?

ORACIÓN FINAL

Oración del Católico Dinámico

Hoy te invito a mi vida
y me pongo a Tu disposición.
Ayúdame a convertirme en la mejor versión de mí mismo
buscando Tu voluntad y convirtiéndome en un vivo ejemplo de

Tu amor en el mundo.

Abre mi corazón a las áreas de mi vida que necesitan cambiar para llevar a cabo la

misión y experimentar la alegría que Tú has imaginado para mi vida.

Inspírame para vivir la fe católica de una manera dinámica y comprometida.

Muéstrame cómo envolverme mejor en la vida de mi parroquia.

Haz que nuestra comunidad esté hambrienta de las mejores prácticas

y del aprendizaje continuo.

Dame valor cuando tenga miedo,

esperanza cuando esté desalentado,

y claridad en momentos de decisión.

Enséñame a disfrutar la incertidumbre

y dirige a Tu Iglesia para que se convierta en

todo lo que Tú imaginaste que sería

para las personas de nuestro tiempo.

Amén.

ANUNCIOS

- La lectura asignada para nuestra próxima reunión es capítulos 7 and 8.
- Cada día de esta semana reza la Oración de San Francisco compartida al final del capítulo 3. Haz una copia y colócala en tu diario del perdón.
- Nuestra próxima reunión será [fecha, lugar, y hora].

SESION CUATRO

Lectura: Capítulos 7 y 8

ORACIÓN DE APERTURA

Dios amoroso, abre nuestro corazón y nuestra mentr
y déjanos ver la belleza de nuestra fe.
Muéstranos lo que es posible y llénanos de gracia, fuerza,
y sabiduría para vivir todas las cosas buenas
que exploramos juntos aquí.
Envía Tu Espíritu sobre nosotros para que podamos descubrir
    Tu sueño
para nosotros para convertirnos en la mejor versión de nosotros
    mismos, y tener
el valor para defender y celebrar esta verdad en cada momento
    de nuestro día.
Te pedimos que bendigas de una manera especial a los
    hambrientos, a los solitarios,
a los enfermos, y a los desalentados
Recuérdanos nuestro deber hacia ellos e inspíranos para
    llenarnos de una
profunda gratitud.
Te pedimos todo esto por Tu Hijo, Jesús.
Amén.

PREGUNTAS PARA DISCUTIR

- Alguna vez has sido acusado de algo falsamente? Quizás una amiga sugirió que habías estado chismeando sobre ella. ¿Cómo se sintió eso?

- Si pudieras arreglar el futuro, ¿qué harías? Si le pides a Dios que te ayude con eso, ¿con qué le pedirías que te ayudara específicamente?

- ¿Quién es el mejor perdonador en tu vida? ¿Por qué piensas en esa persona en particular?

- ¿Cuándo ha dado alguien el primer paso para perdonarte? ¿Qué aprendiste de esa experiencia?

- Lee La Ayuda de la Vida Real al final del capítulo 8. ¿Hay algo que te impida decidir hoy, "estoy escogiendo ser un perdonador"?

ORACIÓN FINAL

Oración del Católico Dinámico

Hoy te invito a mi vida
y me pongo a Tu disposición.
Ayúdame a convertirme en la mejor versión de mí mismo

buscando Tu voluntad y convirtiéndome en un vivo ejemplo de
Tu amor en el mundo.

Abre mi corazón a las áreas de mi vida que necesitan cambiar
para llevar a cabo la

misión y experimentar la alegría que Tú has imaginado para
mi vida.

Inspírame para vivir la fe católica de una manera dinámica y
comprometida.

Muéstrame cómo envolverme mejor en la vida de mi parroquia.

Haz que nuestra comunidad esté hambrienta de las mejores
prácticas

y del aprendizaje continuo.

Dame valor cuando tenga miedo,

esperanza cuando esté desalentado,

y claridad en momentos de decisión.

Enséñame a disfrutar la incertidumbre

y dirige a Tu Iglesia para que se convierta en

todo lo que Tú imaginaste que sería

para las personas de nuestro tiempo.

Amén.

ANUNCIOS

- La lectura asignada para nuestra próxima reunión es capítulos 9 y 10.

- Esta semana, pasa diez minutos solo en el aula del silencio con Jesús en oración. Invítalo a que te ayude a convertirte en un perdonador. Di estas palabras al empezar y terminar tu tiempo de oración silente con Jesús: "Estoy escogiendo ser un perdonador". Experimenta cómo cambia tu día.

• Nuestra próxima reunión será [fecha, lugar, y hora].

SESION CINCO

Lectura: Capítulos 9 y 10

ORACIÓN DE APERTURA

Dios amoroso, abre nuestro corazón y nuestra mentr
y déjanos ver la belleza de nuestra fe.
Muéstranos lo que es posible y llénanos de gracia, fuerza,
y sabiduría para vivir todas las cosas buenas
que exploramos juntos aquí.
Envía Tu Espíritu sobre nosotros para que podamos descubrir
    Tu sueño
para nosotros para convertirnos en la mejor versión de nosotros
    mismos, y tener
el valor para defender y celebrar esta verdad en cada momento
    de nuestro día.
Te pedimos que bendigas de una manera especial a los
    hambrientos, a los solitarios,
a los enfermos, y a los desalentados
Recuérdanos nuestro deber hacia ellos e inspíranos para
    llenarnos de una
profunda gratitud.
Te pedimos todo esto por Tu Hijo, Jesús.
Amén.

PREGUNTAS PARA DISCUTIR

- Menciona tres cosas en tu vida que son jornadas y procesos aún cuando puedan ocurrir en un momento, por ejemplo, perder peso, salir con alguien y encontrar una esposa, entrar en forma, obtener un título, comprar una casa. ¿Qué te enseñan estas jornadas sobre el perdón?

- ¿Cuáles son los hábitos claves que te ayudarán a aprender a perdonar más con el tiempo? ¿A qué hábito o costumbre te aferras más? Una adicción, ¿Una rutina malsana? ¿Una manera de pensar destructiva que has usado por años? Tender a pensar lo peor de las personas?

- En tres oraciones, describe la mejor versión de ti mismo. ¿En quién cree Jesús que te puedes convertir? ¿A qué futuro te señala?

ORACIÓN FINAL

Oración del Católico Dinámico

Hoy te invito a mi vida
y me pongo a Tu disposición.
Ayúdame a convertirme en la mejor versión de mí mismo
buscando Tu voluntad y convirtiéndome en un vivo ejemplo de
Tu amor en el mundo.
Abre mi corazón a las áreas de mi vida que necesitan cambiar
para llevar a cabo la

*misión y experimentar la alegría que Tú has imaginado para
mi vida.*

*Inspírame para vivir la fe católica de una manera dinámica y
comprometida.*

Muéstrame cómo envolverme mejor en la vida de mi parroquia.

*Haz que nuestra comunidad esté hambrienta de las mejores
prácticas*

y del aprendizaje continuo.

Dame valor cuando tenga miedo,

esperanza cuando esté desalentado,

y claridad en momentos de decisión.

Enséñame a disfrutar la incertidumbre

y dirige a Tu Iglesia para que se convierta en

todo lo que Tú imaginaste que sería

para las personas de nuestro tiempo.

Amén.

ANUNCIOS

- La lectura asignada para nuestra próxima reunión es
  capítulos 11 y 12 así como las Palabras Finales.
- Vé a la Misa diaria una vez a la semana por lo menos.
  Mientras estés allí, medita sobre el crucifijo y el amor
  perdonador de Jesús por ti. *Eucaristía* significa "dar
  gracias". Cuando recibas el Cuerpo y la Sangre de Jesús
  dale gracias por Su amor perdonador.
- Nuestra próxima reunión será [fecha, lugar, y hora].

SESION SEIS

Lectura: Capítulos 11 y 12 y Palabras Finales

ORACIÓN DE APERTURA

Dios amoroso, abre nuestro corazón y nuestra mentr
y déjanos ver la belleza de nuestra fe.
Muéstranos lo que es posible y llénanos de gracia, fuerza,
y sabiduría para vivir todas las cosas buenas
que exploramos juntos aquí.
Envía Tu Espíritu sobre nosotros para que podamos descubrir
  Tu sueño
para nosotros para convertirnos en la mejor versión de nosotros
  mismos, y tener
el valor para defender y celebrar esta verdad en cada momento
  de nuestro día.
Te pedimos que bendigas de una manera especial a los
  hambrientos, a los solitarios,
a los enfermos, y a los desalentados
Recuérdanos nuestro deber hacia ellos e inspíranos para
  llenarnos de una
profunda gratitud.
Te pedimos todo esto por Tu Hijo, Jesús.
Amén.

PREGUNTAS PARA DISCUTIR

- ¿En qué momento de tu vida te sientes más cerca de Dios? En qué momento te sentiste más cerca de Dios la semana pasada?

- Describe el momento de perdón más impactante que hayas experimentado alguna vez. ¿Quién estuvo envuelto? ¿Como ocurrió el perdón? ¿Cómo te sentiste?

- Es el Sacramento de la Reconciliación una parte regular de tu jornada de fe? ¿Por qué o por qué no?

- ¿Qué recuerdas más del Papa Juan Pablo II?

- Alguna vez has tratado de pagar un mal con un bien? ¿Funcionó o empeoró la situación?

- ¿Prefieres el término "Good Friday" / Viernes Bueno o "Grief Friday" / "Viernes de Dolores"? ¿Qué manera de mirar al día te ayuda más?

- En tu vida o en tu familia, ¿tienes algunos hábitos o costumbres para guardar el Viernes Santo? ¿Cómo son útiles para ti?

ORACIÓN FINAL

Oración del Católico Dinámico

Hoy te invito a mi vida
y me pongo a Tu disposición.
Ayúdame a convertirme en la mejor versión de mí mismo
buscando Tu voluntad y convirtiéndome en un vivo ejemplo de
   Tu amor en el mundo.
Abre mi corazón a las áreas de mi vida que necesitan cambiar
   para llevar a cabo la
misión y experimentar la alegría que Tú has imaginado para
   mi vida.
Inspírame para vivir la fe católica de una manera dinámica y
   comprometida.
Muéstrame cómo envolverme mejor en la vida de mi parroquia.
Haz que nuestra comunidad esté hambrienta de las mejores
   prácticas
y del aprendizaje continuo.
Dame valor cuando tenga miedo,
esperanza cuando esté desalentado,
y claridad en momentos de decisión.
Enséñame a disfrutar la incertidumbre
y dirige a Tu Iglesia para que se convierta en
todo lo que Tú imaginaste que sería
para las personas de nuestro tiempo.
Amén.

ANUNCIOS

Si disfrutaste *Todos Necesitamos Perdonar a Alguien, el próximo libro que te recomendamos es The Seven Pillars of Catholic Spirituality / Los Siete Pilares de la Espiritualidad Católica* (CD) de Matthew Kelly. Después de ése te recomendamos el libro de Allen Hunt *Nine Words / Nueve Palabras.* Ambos están disponibles por medio del Programa de Libros del Católico Dinámico en DynamicCatholic.com.

El noventa por ciento de los católicos no lee libros católicos. Te animamos a que hagas de las lecturas espirituales un hábito en tu vida y que compartas grandes libros católicos con otras personas.

EL INSTITUTO
CATOLICO DINAMICO

[MISION]

Volver a vigorizar la Iglesia Católica
en los Estados Unidos desarrollando
recursos de talla mundial que inspiren
a las personas a volver a descubrir
el genio del catolicismo.

[VISION]

Ser el líder innovador en la
Nueva Evangelización ayudando a
los católicos y a sus parroquias a convertirse
en la mejor versión de ellos mismos.

▪▪ DynamicCatholic.com
Be Bold. Be Catholic.®

The Dynamic Catholic Institute
5081 Olympic Blvd • Erlanger • KY • 41018
Teléfono: 859-980-7900
info@DynamicCatholic.com